VIVIR LIBERADO

Vivir
liberado

*El viaje interior hacia
la autorrealización, la alegría incondicional
y el sentido de la vida*

MICHAEL A. SINGER

Autor de *La liberación del alma,*
bestseller de *The New York Times*

Gaia
Ediciones

Título original: *Living Untethered*

Traducción: Inmaculada Morales Lorenzo

Diseño de cubierta: equipo Grupo Gaia a partir del diseño de Amy Shoup
Imagen del caballo: Sara Christian

© 2022, Michael A. Singer

Publicado por acuerdo con New Harbinger Publications Inc. a través de Yañez, parte de International Editors' Co.

De la presente edición en castellano:
© Distribuciones Alfaomega S.L., Gaia Ediciones, 2022
    Alquimia, 6 - 28933 Móstoles (Madrid) - España
    Tel.: 91 617 08 67
    www.grupogaia.es - E-mail: grupogaia@grupogaia.es

Primera edición: marzo de 2023

Depósito legal: M.418-2023
I.S.B.N.: 978-84-1108-011-8

Impreso en España por: Artes Gráficas COFÁS, S.A. - Móstoles (Madrid)

A los Maestros

Nota del editor

Esta publicación tiene como objetivo proporcionar información seria y precisa en relación con el tema tratado. Se comercializa bajo la premisa de que el editor no se dedica a prestar servicios psicológicos, financieros, legales o de otro tipo. En caso de necesitar la asistencia o el asesoramiento de un experto, se recomienda a los lectores buscar los servicios de un profesional competente.

Los nombres de personajes de la serie *Star Wars*, algunos de los cuales son marcas registradas de Lucasfilm Entertainment Company Ltd., LLC, se mencionan en este libro de acuerdo con el criterio jurisprudencial del uso razonable para fines informativos o transformativos. Ni el autor ni el editor pretenden ni sugieren tener ningún tipo de patrocinio o aval para este libro por parte de la compañía propietaria de las marcas citadas, ni mantienen ninguna clase de afiliación con ella.

El libro *Whispers from Eternity* (*Susurros de la eternidad*) de Paramahansa Yogananda está publicado por Self-Realization Fellowship, Los Ángeles (California).

Todos los versículos de la Biblia citados en la versión original en inglés proceden de la versión del rey Jacobo, a menos que se indique lo contrario.

Índice

PARTE III
La mente

PARTE IV
Los pensamientos y los sueños

PARTE V
El corazón

PARTE I

La conciencia

1
La conciencia de Ti Mismo

VIVIR UNOS CUANTOS AÑOS en un planeta que gira en el inmenso espacio cósmico: en un sentido amplio, de esto trata la problemática humana. Si bien la Tierra existe desde hace 4 500 millones de años, cada uno de nosotros está limitado a un viaje de alrededor de ochenta años en este planeta. Nacimos en él y lo abandonaremos cuando muramos. Esta es sencillamente la verdad. Sin embargo, lo que no está tan claro es cómo son los pocos años que pasamos en la Tierra. No cabe duda de que la vida en este planeta puede ser una experiencia sumamente emocionante y una fuente de entusiasmo, pasión e inspiración a cada instante. Cuando se desarrolla de este modo, cada día nos parece una hermosa aventura. Por desgracia, la vida en la Tierra rara vez sucede como quisiéramos, y si nos resistimos a este hecho, nuestra experiencia puede acabar siendo bastante desagradable. La resistencia crea tensión y ansiedad, y la vida se convierte en una carga.

Los sabios de todos los tiempos han enseñado la importancia de aceptar la realidad para eludir esta carga y poder abrazar la vida plenamente. La aceptación de la realidad nos

permite trabajar con el flujo de la vida tal como se presenta
y crear un mundo mejor. La ciencia estudia la realidad,
aprende sus leyes y trabaja con esas leyes para mejorar nuestras vidas. Los científicos no pueden negar la realidad; deben
aceptarla plenamente como punto de partida de sus investi-
gaciones. Para volar, debemos admitir totalmente la ley de la
gravedad, no negar su existencia. Pues bien, lo mismo sucede en el ámbito espiritual. Enseñanzas como la rendición, la
aceptación y la no resistencia constituyen la base de una
vida profundamente espiritual. Pero puede resultar complicado comprender estos conceptos. A lo largo de estas páginas nos embarcaremos en un viaje en el que descubriremos
lo razonable que resulta la aceptación y los grandes regalos
que promete: libertad, paz e iluminación interior. La aceptación puede entenderse mejor como la no resistencia a la
realidad. Por mucho que lo intentemos, nadie puede desha-
cer un suceso que ya ha ocurrido. La única opción que tenemos es aceptarlo o resistirnos a él. Durante nuestro viaje
juntos, exploraremos cómo y por qué tomas esta decisión.
Pero primero debes entender quién es ese que está ahí, en tu
interior, y que tiene el poder de decidir.

Ciertamente tú *estás ahí*; tienes una sensación intuitiva
de existencia en tu interior. Pero ¿qué es eso exactamente?
Es la conciencia de Ti Mismo, el tema más importante que
podríamos explorar. Ya que vamos a sumergirnos en la espiritualidad de la aceptación, debemos empezar por comprender quién está ahí aceptando o resistiendo.

Hay muchas maneras de abordar la naturaleza de tu ser
interno. Vayamos despacio y empecemos con algo muy simple. Imagina que alguien se acerca a ti y te pregunta: «Hola,
¿estás ahí?». ¿Cómo responderías? Nadie contestaría: «No,
no estoy aquí». Eso sería un disparate. Si no estás ahí,

¿quién ha respondido? Claramente estás ahí, pero ¿qué significa eso?

Para determinar lo que significa «tú estás ahí», imagina que te enseñan tres fotografías diferentes. Te las muestran una tras otra, y luego te preguntan: «Aunque las fotos han cambiado, ¿ha sido el mismo tú quien ha visto las tres?». Tu respuesta sería: «Por supuesto que ha sido el mismo yo». Muy bien, eso nos ayuda a orientarnos. A partir de este sencillo ejercicio, queda claro que tú no eres lo que miras; tú eres el que mira. Las imágenes cambian y tú que las ves sigues siendo el mismo.

Con las fotografías no te resulta complicado entender que no eres aquello que miras, pero nos vinculamos con algunos objetos más que con otros. Por ejemplo, con nuestro cuerpo nos identificamos lo suficiente como para decir: «Soy una mujer de cuarenta y tres años que mide 1,67 m». ¿De verdad es eso lo que eres: un cuerpo femenino de cuarenta y tres años y 1,67 m de estatura? ¿O más bien el cuerpo es algo de lo que eres consciente? Para averiguarlo, tomemos por ejemplo la mano. Si te preguntaran si puedes ver tu mano, dirías: «Sí, veo mi mano». Bien, pero ¿y si te la cortan? No te preocupes por el dolor, solo imagina que ya no está. ¿Seguirías ahí? ¿No notarías que tu mano ha desaparecido? Es como el cambio de fotografías: cuando la mano estaba ahí, la veías. Cuando ya no estaba ahí, te percataste de que no estaba. Tú, que «ves», no has cambiado; lo que ha cambiado es el objeto que observas. Tu cuerpo es otro objeto que ves. La pregunta sigue siendo: ¿quién es el que ve?

Fíjate en que podíamos no habernos detenido con la mano. La cirugía ha avanzado tanto que, con la ayuda de una máquina de circulación extracorpórea y otros dispositivos médicos, los cirujanos podrían extirpar gran parte de tu cuerpo, y aún seguiría presente esa misma sensación de ser que es consciente de los cambios. ¿Cómo podrías ser tu cuerpo si a pesar de tantos cambios tú siguieras siendo el mismo?

Por suerte, para ayudarte a que te des cuenta de que no eres el cuerpo, no hace falta ir tan lejos. Hay una forma mucho más sencilla e intuitiva de abordar esto. Seguro que te has dado cuenta de que tu cuerpo ha ido cambiando de aspecto con tres, diez, veinte o cincuenta años. Seguramente no será igual cuando tenga ochenta o noventa años. Pero, ¿no eras tú quien lo observabas antes y ahora? Cuando tenías diez años y te mirabas en el espejo, ¿veías lo mismo que ves ahora? No, pero ¿no eras tú el que se miraba entonces y ahora? Has estado ahí todo el tiempo, ¿no es así? Ese es el núcleo, la esencia, de todo lo que estamos explorando. ¿Quién eres tú? ¿Quién está ahí mirando a través de esos ojos y viendo lo que tú estás viendo? Cuando te mostraron las tres fotografías, tú no eras ninguna de las fotos: eras el que las miraba. Del mismo modo, cuando te miras en el espejo, no eres lo que ves: eres el que ve.

Poco a poco, a través de estos ejemplos, vamos revelando la naturaleza de tu ser. Tu relación con lo que ves es siempre de sujeto-objeto. Tú eres el sujeto y lo que miras es el objeto. Hay muchos objetos diferentes que te llegan a través de los sentidos, pero solo hay un sujeto que los experimenta: *tú mismo*.

2
El perceptor consciente

UNA VEZ QUE HAYAS RECONOCIDO que estás ahí, comenzarás a notar que tu atención se dispersa fácilmente con los objetos que te rodean. El ladrido de un perro, alguien que entra en la habitación, un aroma a café… Tu conciencia se dirige a estos objetos. De hecho, en el día a día te distraes tanto con los objetos externos que rara vez te mantienes centrado en *Ti*, el perceptor consciente de esos objetos. Dediquemos un momento a examinar la verdadera relación entre este perceptor consciente y los objetos que lo distraen.

Desde una perspectiva científica, ni siquiera estás mirando los objetos externos. En este momento, no estás mirando lo que ves. Lo que ocurre es que los rayos de luz rebotan en las moléculas que componen los objetos externos. Estos rayos estimulan los fotorreceptores oculares y la información recibida se transmite a través del sistema nervioso. Estos datos se interpretan en la mente como imágenes visuales de los objetos externos. En realidad, estás viendo los objetos internamente, no externamente.

Poco a poco estamos desentrañando lo que es ser tú mismo. Las cosas no son lo que parecen. Incluso la ciencia lo respalda. Es como si estuvieras sentado ahí dentro mirando un monitor de pantalla plana mental que está imaginando el mundo que tienes frente a ti. Obviamente, tú no eres el objeto que observas; al fin y al cabo, ni siquiera estás mirando el objeto en sí. Si retrocedes un poco, la pregunta que surge es: «¿Quién soy yo que estoy mirando aquí dentro una imagen mental de lo que tengo delante?».

El camino espiritual del gran santo y maestro iluminado de la India llamado Ramana Maharshi consistió en preguntar insistentemente: «¿Quién ve cuando yo veo? ¿Quién oye cuando yo oigo? ¿Quién siente cuando yo siento?». La *autorrealización*, el término que empleaba el maestro de yoga Paramahansa Yogananda para referirse a la iluminación, significa que te has dado cuenta plenamente de quién eres ahí dentro. El viaje espiritual de regreso al lugar en el que se asienta el Ser no consiste en encontrarte a ti mismo, sino en darte cuenta de que eres ese Ser. Incluso en un sentido judeocristiano, si alguien preguntara si tiene alma, la respuesta correcta sería: «No, no *tienes* un alma; tú mismo, la conciencia, *eres* el alma». De este modo, «¿quién eres tú?» se convierte en la pregunta por excelencia. No podrás liberarte hasta que te des cuenta de quién es el que está vinculado. Igualmente, no entenderás la aceptación hasta que comprendas quién se resiste.

Continuemos nuestra exploración de Ti Mismo. Antes hemos hablado de que, cuando eras joven veías el reflejo de tu cuerpo en el espejo, y al cabo de unos años ese reflejo que observabas había cambiado. Desde ese punto de vista, ¿cuántos años tienes? No cuántos años tiene tu cuerpo. ¿Cuántos años tienes tú, que estás mirando tu cuerpo a través de esos ojos? Si estabas ahí dentro cuando tenías diez años, si estabas ahí dentro cuando tenías veinte, si vas a estar ahí dentro en tu lecho de muerte dándote cuenta de que tu vida se extingue, ¿qué edad tienes ahí dentro? No respondas a esta pregunta, deja que te llegue a un nivel muy profundo. ¿Estás dispuesto a dejar de lado los conceptos tradicionales sobre tu edad?

Probemos otro interesante experimento. Imagina que te miras en el espejo justo después de ducharte. ¿Ves el reflejo de un cuerpo masculino o femenino? ¿Y si de repente, a través de algún poder misterioso, ese reflejo cambiara? De algún modo, las partes del cuerpo habrían sufrido una transformación: si eras un hombre, ahora estarías mirando a una mujer. Si eras una mujer, ahora estarías mirando a un hombre. ¿Seguiría siendo el mismo tú que se ve reflejado en el espejo? ¿Seguiría siendo la misma conciencia que siempre ha mirado a través de esos ojos y ahora ve un cuerpo distinto? Probablemente dirías: «¿Qué ha sucedido? ¿Qué está pasando aquí?». Sin embargo, sería el mismo «tú» quien esté viviendo la totalidad de esa experiencia. Entonces, ¿de qué género eres tú ahí dentro? Ese ser interior no tiene partes del cuerpo ni posee ningún género. Solo eres consciente de que, cuando miras, el cuerpo que ves tiene una forma determinada. Esa forma y figura puede ser masculina o femenina, pero tú que te das cuenta de ello no eres ninguna de las dos cosas.

La pregunta sigue siendo: ¿quién eres *Tú*, esa conciencia que intuitivamente sabe que estás ahí? Tu cuerpo tiene una edad y un género, pero esos conceptos son irrelevantes para ese que percibe el cuerpo. Si miras un jarrón alto y centenario, ¿eso hace que tú seas alto y centenario? Lo mismo es aplicable a la raza. Tu piel puede ser de un color determinado, pero la conciencia que lo percibe no tiene ningún color. Tú no eres el cuerpo. Tú eres el que se da cuenta de las características de tu cuerpo. Tú eres la conciencia que observa todo eso. La pregunta es: ¿estás dispuesto a dejar de lado lo que pensabas que eras? Porque quien pensabas que eras no es lo que eres. El mismo ser interior está mirando tu cuerpo, tu casa, tu coche. Tú eres el sujeto y todo lo demás son objetos de la conciencia.

Pasemos a un ejemplo un poco más ligero. Por las noches a menudo sueñas mientras estás durmiendo y cuando te despiertas por la mañana, dices: «He tenido un sueño». Esa afirmación es en realidad sumamente profunda. ¿Cómo sabes que has tenido un sueño? ¿Solo recuerdas el sueño o realmente estabas ahí experimentándolo? La respuesta es bien sencilla: estabas ahí dentro experimentándolo. El mismo tú que observa el mundo externo estaba experimentando los sucesos que acontecían en ese sueño. Hay solamente un único ser consciente ahí dentro que experimenta el mundo de la vigilia, o bien el mundo de los sueños. Fíjate que, al describir tus interacciones con ambos mundos, empleas intuitivamente la palabra «yo», como cuando dices, por ejemplo: «Yo estaba volando, surcando las nubes con los brazos abiertos, cuando de repente me desperté y me di cuenta de que estaba en la cama».

En *Los Yoga Sutras de Patanjali*, que es un texto yóguico muy antiguo, Patanjali examina el tema del sueño profundo sin ensueños. En él explica que cuando te duermes y no tienes sueños, no es que no seas consciente, es que eres consciente de nada. Si reflexionas sobre esto, descubrirás que siempre eres consciente ahí dentro. Incluso las personas que pierden la conciencia o se quedan en coma a menudo relatan lo que han experimentado en ese estado una vez que recobran el conocimiento. Hay quienes tienen experiencias cercanas a la muerte en las que han salido del cuerpo y luego han regresado para contarlo. Cualquiera que sea el origen de estas experiencias, ese tú que las experimentó fue capaz de describir lo vivido. ¿Cómo puedes llamar a eso no ser consciente? En el sentido médico, lo que llamamos «consciente» tiene que ver con tener conciencia de lo que nos rodea. Sin embargo, la cuestión de si tú, el que está ahí dentro, es consciente de algo, es totalmente otra historia. Siempre eres consciente. Has sido consciente desde el principio. Eres consciente de cualquier cosa en la que fijes tu atención, interna o externamente. ¿Quién eres tú? ¿Quién es esa entidad consciente que mora en tu interior?

3
Vivir ahí dentro

RETOMEMOS AHORA LAS VERDADES más básicas de tu vida: tú estás ahí, sabes que estás ahí y has estado ahí todo el tiempo. Esto suscita algunas preguntas interesantes, como, por ejemplo, cuando el cuerpo muera, ¿seguirás siendo consciente de tu existencia? ¿No te parece una cuestión fascinante? Eso sí: no te emociones, no voy a responderla por ti. Sin embargo, con el tiempo habrá alguien que conozca la respuesta: *tú mismo*. Está garantizado que algún día descubrirás personalmente si estarás ahí después de haber muerto. ¿Por qué la gente tiene tantos problemas con la muerte? Debería ser uno de los aspectos más emocionantes de nuestra vida. ¡Se trata literalmente de una experiencia única! Esto es lo que te espera a la hora de la muerte: cuando tu vida haya cesado, estarás ahí o no estarás. Si no estás ahí, no te preocupes. No dirás: «Oh Dios mío, no estoy aquí. Esto no me gusta nada». No. Si no estás ahí, eso no va a suponer un problema. La otra opción, sin embargo, es mucho más interesante: ¿y si sí estás ahí? Entonces vas a descubrir lo que es explorar un universo completamente distinto en el que ni siquiera tienes un cuerpo. No hablemos más de ello porque es una idea que choca con las creencias, conceptos o puntos de vista habituales sobre el tema. Quedémonos con que es algo que hay que esperar con interés como una experiencia única en la vida.

La razón por la que algunas personas albergan tantos temores acerca de la muerte es porque se identifican con su cuerpo. Por si fuera poco, también se identifican con su coche y su casa. La gente proyecta su sentido del yo sobre cosas que no son ellos mismos y cuando hacen eso temen perder esos objetos. A medida que trabajes en tu crecimiento interior, dejarás de identificarte con esos objetos externos y pasarás a identificarte con tu sentido de identidad más profundo.

Ahora que está claro que estás ahí dentro es razonable preguntar: «¿Qué haces ahí dentro?». Y lo que tiene mayor relevancia: «¿Cómo se está ahí dentro?». Qué pregunta más interesante: «¿Cómo se está ahí dentro?». Si la gente respondiera con sinceridad, la mayoría diría que no siempre resulta divertido. De hecho, a veces es realmente duro. ¿A qué se debe esto? Aquí es donde entramos en un debate honesto sobre el crecimiento interior. La mayoría de la gente no se da cuenta de que la experiencia interior siempre podría ser agradable. Piensa en la mejor situación que hayas vivido: sostener en los brazos a tu primer hijo, el día de tu boda, tu primer beso, ganar la lotería. Recuerda ese estado, luego multiplícalo y haz que sea así todo el tiempo e incluso que siga ampliándose. Eso es lo que eres capaz de experimentar en tu interior. Esa es la verdad. Aunque en realidad es hermoso estar ahí dentro, hay algo que está estropeándolo todo. Imagina que te adentras en una vivienda donde hay suciedad, cáscaras de plátano y restos de pizza por todas partes. Se trata de una hermosa casa que nadie ha cuidado. Puede recuperar su belleza, pero hay mucho trabajo que hacer en ella. Pues bien, esta es exactamente tu situación interna. De hecho, por eso estamos llevando a cabo esta exploración interior. Todo el mundo quiere lo mismo: les gustaría que todo fuera bonito ahí dentro.

La gente hace todo tipo de cosas para tratar de mejorar esa experiencia interna. Algunos intentan tener experiencias emocionantes, encontrar relaciones satisfactorias, o incluso mitigar su insatisfacción recurriendo a la bebida o a las drogas, todo por la misma razón. El problema es que enfocan el asunto de forma equivocada. Se preguntan *cómo* hacer que sea agradable, mientras que la pregunta más importante es: «*¿Por qué* no es agradable?». Si descubres la causa de que esa experiencia interna no resulte placentera y la eliminas, te darás cuenta de que estar ahí dentro puede ser una experiencia realmente gratificante. La vida no tiene que ser un juego de «ya que aquí no me siento bien, debo buscar algo que lo compense y me ayude a sentirme un poco mejor». Eso es lo que todo el mundo hace al intentar encontrar personas, lugares y cosas en el mundo externo que les hagan sentirse más cómodos internamente. La gente trata de usar lo externo para arreglar lo interno, en lugar de descubrir la razón de su malestar interior.

4

Un pandemonio

«ESTOY AQUÍ DENTRO. Soy consciente, y me doy cuenta de que estar aquí dentro no siempre resulta agradable».

Esa afirmación sincera constituye una maravillosa plataforma de lanzamiento para continuar la exploración de Ti Mismo y del poder de la aceptación. ¿Qué es eso que experimentas que hace que estar ahí dentro sea a veces tan agradable y otras veces tan difícil? Únicamente experimentas tres cosas allí. Examinemos de qué se trata. En primer lugar, experimentas el mundo externo a través de los sentidos. Hay todo un mundo ahí fuera que percibes por medio de la vista, el oído, el olfato, el gusto y el tacto. Las impresiones sensoriales que recibes pueden resultar una experiencia agradable, una experiencia desagradable o una experiencia pasajera. Por tanto, el mundo externo es uno de los factores que ejerce un profundo efecto en tu estado interior.

Por más abrumador que resulte el mundo externo, no es todo lo que experimentas interiormente. También tienes pensamientos ahí dentro. Oyes decir a los pensamientos cosas como: «No sé si me gusta esto. La verdad, ni siquiera entiendo por qué ha obrado así» o «¡Vaya! Me gustaría tener un coche como ese. Haría escapadas de fin de semana por el campo». Si te preguntan quién está diciendo todo esto dentro de tu cabeza, probablemente dirás que eres tú. Pero no eres tú. Se trata de pensamientos, y tú eres quien se da cuenta de ellos. Los pensamientos son solamente otra cosa que percibes ahí dentro. Te das cuenta tanto del mundo externo que te llega desde fuera como de los pensamientos que surgen en tu interior.

¿De dónde provienen los pensamientos? Exploraremos esta cuestión más adelante, pero por ahora ten en cuenta que los pensamientos y el mundo externo son dos de las tres cosas que experimentas en tu interior. Lo tercero que experimentas son tus sentimientos o emociones. Hay sentimientos que afloran de repente, como el miedo. Si tu mente dijera: «Tengo miedo», y no te *sintieras* de verdad asustado, el impacto sería mucho menor. Es el hecho de experimentar esa emoción de miedo lo que causa el problema. Algunos sentimientos son agradables: «Sentí amor. Sentí más amor del que jamás había experimentado». Esa sensación te gusta. Pero otros sentimientos son desagradables: «Siento miedo, culpa y vergüenza, todo a la vez». Eso no te gusta, ¿verdad?

Ya hemos recorrido un largo camino en nuestra exploración de Ti Mismo. Hemos demostrado que estás ahí dentro, y la prueba más sólida es que sabes que estás ahí dentro. Este es el *lugar en el que se asienta la conciencia*. Cada vez que te descentres, ponte frente al espejo y di: «Hola, ¿estás ahí?». Salúdate a ti mismo, y date cuenta: «Sí, veo a alguien saludando. ¿Quién soy yo que está viendo ese reflejo?». Esta es una forma de centrarte de nuevo en el lugar en el que se asienta la conciencia. Observa igualmente de qué otras cosas eres consciente. Fíjate en tu entorno, que te llega a través de los sentidos, los pensamientos que pasan por tu mente, y las emociones que surgen en tu corazón y crean sentimientos de comodidad o incomodidad interior. Estas tres experiencias internas son el escenario en el que tu conciencia juega el juego de la vida en el planeta Tierra.

En definitiva, lo tienes bastante complicado ahí dentro. El constante bombardeo de estas tres experiencias es como un pandemonio interior que no cesa. El efecto resulta tan abrumador que puede parecer que se trata de una conspiración contra ti. El mundo externo ejerce una gran influencia en tus pensamientos y estos suelen estar alineados con las emociones. Es muy raro que tu mente diga: «Esto no me gusta», mientras tu corazón siente un amor inmenso. Digamos que ves pasar a Fred y tu mente dice: «No quiero ver a Fred. No me siento cómodo cuando lo veo después de la discusión que tuvimos la última vez». Empezarás a sentir miedo. Estabas bien hasta que algo sucedió en el exterior que se apoderó de tus pensamientos y generó emociones difíciles. Te ves absorbido por esa experiencia desconcertante. Ahora, si te preguntan: «¿Cómo se vive ahí dentro?», probablemente dirás: «Es una experiencia bastante intensa. Me descentro muchas veces y tengo que esforzarme por estar bien». No resulta muy divertido, ¿verdad?

Buda dijo que la vida es sufrimiento. Con esta afirmación no se mostraba pesimista, en realidad toda la vida es sufrimiento. No importa si eres rico o pobre, si estás enfermo o sano, o si eres joven o viejo. Ciertamente hay momentos en los que no sufres, pero pasas la mayor parte del tiempo tratando de estar bien. A eso se reduce todo. En algún momento comprenderás que eso es lo único que has hecho durante toda tu vida: intentar estar bien. Por eso llorabas cuando eras pequeño; no estabas bien ahí dentro. Por eso querías un determinado juguete; pensabas que te haría estar bien. Por eso querías casarte con esa persona especial. Por eso querías irte a

Hawái o a un país lejano de vacaciones. Llegas a un punto en el que te das cuenta de que lo único que haces ahí dentro es intentar estar bien. Primero piensas en lo que te hará estar bien, luego te pones en marcha y tratas de hacerlo realidad.

¿Qué significa intentar estar bien? Para empezar, significa tratar de que resulte más fácil convivir con los pensamientos y las emociones. Los hay agradables y los hay menos agradables. A ti te gustan los primeros. En eso pones tu empeño: quieres que tus pensamientos sean positivos, inspiradores y hermosos. El problema es que hay una realidad externa que puede penetrar y hacer que tus pensamientos y emociones sean sumamente problemáticos. Por esta razón la vida puede volverse agobiante.

Esta interacción con el mundo, los pensamientos y las emociones plantea algunas preguntas sumamente interesantes, como las siguientes: ¿Qué son estas tres cosas y de dónde vienen? ¿Cuánto control tienes sobre ellas? ¿Por qué a veces te hacen sentir bien y otras veces te hacen sentir mal? Exploraremos estas cuestiones a fondo y finalmente entenderás que lo que de verdad importa no son los pensamientos, las emociones ni el mundo externo. Lo que realmente importa eres *Tú* que estás experimentando esas cosas. ¿Cómo sucede esto? Lo que veremos es que ese «tú» de ahí dentro es más elevado que cualquier experiencia que hayas tenido. Ese que ve todo esto es lo más hermoso de todo el universo. Si alguna vez encuentras el camino de vuelta al lugar en el que se asienta el Ser, eso es lo que descubrirás. Esto es lo que Cristo y Buda enseñaron y lo que los grandes maestros espirituales de todas las tradiciones han transmitido: el Reino está en tu interior. Ese «tú» de ahí dentro es un gran ser que ha sido hecho a imagen y semejanza de Dios, pero para dar con él tienes que liberarte de todo el alboroto interno.

5

Explorar la naturaleza de las cosas

TODA TU VIDA CONSISTE en la experiencia consciente de los tres objetos de la conciencia (el mundo externo, los pensamientos y las emociones). Ahora estamos preparados para explorar el origen y la naturaleza de estas experiencias. Al descubrir de dónde vienen, perderán parte del poder distractor que tienen sobre ti y, de este modo, comprenderás mejor tu tendencia a aceptarlas o rechazarlas. No solo examinaremos estos objetos de conciencia para ampliar nuestro conocimiento sobre ellos, sino también por la libertad que nos aporta esa comprensión.

En primer lugar, analizaremos la naturaleza del mundo externo. Cada momento que se despliega ante ti viene y va como los fotogramas de una película. Los momentos nunca se detienen; simplemente siguen fluyendo a través del tiempo y el espacio. ¿De dónde provienen todos esos instantes? ¿Por qué los experimentas de esa forma? ¿Cuál es tu verdadera relación con lo que sucede frente a ti?

También estudiaremos un ámbito que quizá sea incluso más interesante que el mundo externo, que no es otro que la naturaleza de la mente y las emociones, incluyendo cómo y por qué se modifican del modo en que lo hacen. Aunque estos tres objetos de conciencia cambian sin cesar, tú eres el ser permanente que siempre está ahí experimentándolos. ¿Cuál es tu naturaleza? ¿Qué supone relajarse y ser consciente de ser consciente? En eso consiste la espiritualidad. Cuando ya no te distraiga ninguno de los tres grandes elementos distractores, tu conciencia ya no será arrastrada hacia esos objetos. El foco de la conciencia permanecerá en la fuente misma de la conciencia de forma natural. Es como cuando una linterna ilumina varios objetos. En lugar de fijarte en los objetos que son iluminados, si miras la luz misma, te darás cuenta de que es una misma luz la que brilla sobre todos esos objetos. Del mismo modo, es la misma conciencia la que registra todos los objetos que pasan ante ella, tanto fuera como dentro. Tú eres esa conciencia. Dar un paso atrás hacia la fuente misma de la conciencia constituye la experiencia más hermosa que puedas tener.

Este es el viaje que tenemos por delante: la liberación de las distracciones que nos alejan de nuestra grandeza y nos mantienen en conflicto con la vida. A medida que comprendas la naturaleza de esos objetos contra los que luchas, serás capaz de liberarte del control que ejercen sobre ti. Este acto de soltar es lo que se entiende por «aceptación» y «rendición». Hay un estado de gran paz dentro de ti que no puede ser alterado por el mundo, los pensamientos o incluso las emociones. Estos objetos pueden seguir existiendo libremente, pero ya no dominarán tu vida. Serás libre de interactuar plenamente con la vida, pero lo harás desde una actitud de amor y servicio, en lugar de miedo o deseo.

Ya conoces el propósito subyacente de este libro: mostrarte cómo desvincularte de los tres grandes elementos distractores y retornar a la fuente de tu ser. Como verás, solo así podrás disfrutar plenamente de tu tiempo aquí en la Tierra. Esto es lo que significa *vivir en libertad*. No se necesitan prácticas estrictas para regresar al centro. El camino más elevado consiste en aprender a ir soltando gradualmente aquello que te descentra en la vida diaria. Al aceptar en lugar de resistir, al final alcanzarás un asiento permanente de claridad, algo que se denomina establecerse en el asiento del Ser. Vivirás con la energía más hermosa que jamás hayas experimentado y que no cesará nunca. Durante cada momento de tu vida habrá un bello flujo de energía que seguirá creciendo dentro de ti.

Abordaremos este proceso de liberación de una manera científica y analítica. Al hacerlo, te sentirás tan cómodo con los tres objetos de conciencia que pasan ante ti que ya no tendrás que dedicar tu vida a controlar tus experiencias vitales. Verás que estos objetos representan el aspecto inferior de tu ser: cuerpo, mente y emociones. En el otro extremo, aprenderás a establecerte en el aspecto superior de tu ser: el lugar donde se asienta la conciencia. Puedes vivir tu vida en un estado de completa libertad y felicidad. ¿Estás preparado? Emprendamos entonces nuestro viaje de exploración del mundo externo, del mundo interior de la mente y las emociones, y de la conciencia que lo experimenta todo. Aprendamos más sobre este camino de aceptación de lo que acontece ante nosotros.

PARTE II

El mundo externo

6
El momento que tienes delante

MANTENER LA PERSPECTIVA ES ESENCIAL en cada etapa de nuestro camino hacia la libertad interior. La base sólida a la que regresamos siempre es que tú estás ahí, sabes que estás ahí, y siempre has sabido que estás ahí. Pero no sueles enfocarte en el hecho de que estás ahí, por estar demasiado absorto en lo que ocurre dentro y fuera de ti. Te pierdes en los objetos de la conciencia, en lugar de centrarte en la fuente de la conciencia. El despertar espiritual consiste en distinguir la conciencia de los objetos de la conciencia. Para hacer esto, te será de gran utilidad comprender la naturaleza de todo aquello con lo que te relacionas cada día.

Comenzaremos nuestra exploración con el mundo externo. Lo que captas a través de los cinco sentidos constituye una parte importante de tu experiencia diaria. Cada día te inunda un flujo interminable de imágenes, sonidos, sabores, olores y experiencias táctiles. Si vamos a explorar lo que es ser *tú mismo*, el ser consciente que vive en tu interior, debemos tomarnos el tiempo necesario para comprender a fondo el mundo externo, ya que constituye una parte fundamental de tu vida. ¿Qué hay realmente ahí fuera, de dónde viene y cuál es tu relación con ello?

Analicemos en primer lugar tu relación con el mundo que te rodea. Empezaré haciendo una afirmación con la que probablemente no estarás de acuerdo: *el momento que tienes delante no tiene absolutamente nada que ver contigo.* Antes de disentir, observa el momento que tienes delante. No hagas nada con él. No reflexiones sobre él ni trates de ser positivo. Solo date cuenta de que hay un momento delante de ti. Si miras a la izquierda habrá un momento diferente frente a ti, lo mismo que si miras a la derecha. Esos momentos estaban ahí antes de que los miraras y seguirán ahí cuando hayas dejado de observarlos. ¿Cuántos momentos existen en el mundo ahora mismo a los que no estás mirando? ¿Y en todo el universo? Debes admitir que esos momentos no tienen nada que ver contigo. Pertenecen a ellos mismos y a su relación con todo lo que les rodea. Tú no los has creado y no haces que aparezcan y desaparezcan. Simplemente están ahí. El momento que tienes delante es solo otro instante en el universo que existe incluso cuando no lo estás mirando. Es completamente impersonal.

Sin embargo, el momento que tienes delante no parece impersonal; de hecho, parece todo lo contrario, sumamente personal. Por eso puede causar tantos problemas. Sufres cuando el momento que tienes delante no es como tú quieres y te alegras cuando coincide con tus preferencias. Como exploraremos en capítulos posteriores, esto se debe a algo que añades que no es intrínseco al momento en sí. Todos los momentos del universo son simplemente momentos en el universo; tú eres el que agrega tus preferencias personales a esos instantes impersonales y haces que parezcan personales.

Esto nos muestra lo difícil que nos resulta renunciar a nuestra forma habitual de ver las cosas. Estamos totalmente dispuestos a admitir que lo que ocurre en Tombuctú en este instante no tiene nada que ver con nosotros. Del mismo modo, no tenemos ningún problema en confirmar que los anillos de Saturno, La Gran Mancha Roja de Júpiter y la arena de Marte no tienen nada que ver con nosotros. En otras palabras, más del 99,99999 por ciento del universo no tiene relación con nosotros, pero de alguna manera el 0,00001 por ciento sí lo tiene. ¿Qué 0,00001 por ciento sí tiene que ver con nosotros? La parte que está frente a ti. De algún modo, al observarla deja de formar parte del universo impersonal y se convierte en algo personal.

El problema es que, a lo largo de tu vida has dado demasiada importancia al momento que tienes delante, al agregarle tus preferencias personales. Fíjate en que los miles de millones de personas que no están mirando ese momento que tienes frente a ti no tienen ningún problema con él. No les importa en absoluto. No está agitando sus pensamientos ni sus emociones. Cuando ya no estés experimentando ese momento, lo normal es que tampoco te moleste a ti. En cambio, el momento siguiente sí lo hará. «¿Por qué está sentada ahí?», «¿Con quién está hablando?», «Estas luces son demasiado brillantes». De repente, este nuevo momento empieza a afectarte porque lo estás observando. La verdad es que era exactamente igual antes de que lo miraras. *Una de las cosas más asombrosas de las que te darás cuenta es que el momento que se presenta no te está importunando. Tú te importunas a ti mismo acerca de ese momento que tienes delante.* No es algo personal, pero tú lo conviertes en algo personal. En el universo se despliegan innumerables momentos y tu relación con todos ellos es exactamente la misma: tú eres el sujeto, ellos son el objeto.

Una vez que hayas comprendido esta verdad de forma intelectual, seguirás sin verlo claro en tu vida cotidiana. Para ayudarte, hagamos una excursión al Muelle de los Pescadores de San Francisco, con vistas al hermoso océano Pacífico. Mientras contemplas lo que te rodea, pregúntate si lo que ves frente a ti tiene algo que ver contigo. Ves olas y espuma, y puede que incluso divises algunas ballenas o leones marinos. Eso es simplemente lo que está desplegándose ante ti en ese momento. Si hubieras venido otro día, o incluso a otra hora, observarías algo muy diferente. Pero eso no te importaría a menos que acudieras al muelle con preferencias personales: «Quiero ver una ballena» o «Quiero ver las olas gigantes de las que tanto me han hablado». Con estas preferencias, tendrás una experiencia muy diferente de la de otra persona que solo haya ido a contemplar el mar ese día. Esta última podrá disfrutar de la experiencia, mientras que tú tendrás que luchar para que la experiencia se ajuste a tus preferencias personales.

En el caso del océano, no resulta complicado ver que el momento que tienes delante no tiene nada que ver contigo y que tienes derecho a disfrutar simplemente de la experiencia. Dado que por lo general no te identificas con el océano, esto es más fácil de hacer que con el resto de tu vida. Pero, que no te quepa duda, tu relación con lo que tienes delante es siempre la misma, tanto si estás observando el océano como tu vida. Esos instantes son meramente lo que sucede en ese tiempo y lugar concreto del universo en el que te encuentras. Nada de esto es personal. Pero puesto que parece que te tomas el momento que se despliega ante ti de forma tan personal, continuemos nuestra exploración del mundo externo examinando de dónde viene ese momento y por qué es como es.

7

El mundo en el que vives

SI QUIERES SABER DE DÓNDE PROVIENE el momento que tienes delante es conveniente recurrir a la ciencia. Los científicos han indagado sobre este tema desde los tiempos de Platón y Aristóteles. Desde el principio de nuestra existencia, los humanos nos hemos preguntado: *¿De dónde viene todo esto? ¿Qué lo ha creado? ¿Por qué está aquí?* Si preguntamos a los científicos modernos, nos dirán que lo que estamos viendo cuando observamos el mundo externo es en realidad una combinación de objetos mucho más pequeños. La vista y los demás sentidos te ofrecen una información procesada por el cerebro de estructuras moleculares. Como hemos visto anteriormente, en realidad no estás mirando el mundo, sino que este te llega a través de los sentidos.

Para entender cómo funciona esto, examinemos la naturaleza del color. Cuando observamos el mundo, ciertamente parece tener colorido. Pero, aparte de la luz, los objetos no tienen un color propio. La única razón por la que experimentas el color es porque la luz que rebota en la superficie de los objetos tiene color. Esto se constata al examinar un prisma. Si haces pasar la luz a través de un prisma, obtendrás diferentes colores. Es el llamado *espectro electromagnético*. La luz tiene diferentes longitudes de onda, y tú percibes cada longitud de onda visible como un color: rojo, naranja, amarillo, verde, azul, índigo y violeta. Son los colores de la parte visible del espectro luminoso. Cuando las ondas de luz inciden en un objeto físico, los diferentes átomos y moléculas de ese objeto absorben algunas frecuencias de luz y reflejan otras. Los objetos en sí no tienen color; es la luz que se refleja en ellos la que posee los diversos colores que percibimos. Este es un ejemplo perfecto de cómo la verdad no es siempre lo que parece. Lo veremos una y otra vez cuando investiguemos la verdadera naturaleza de lo que experimenta la conciencia.

Antes se pensaba que el átomo era la unidad más pequeña posible y que no podía subdividirse, pero hoy sabemos que un átomo está compuesto por electrones, neutrones y protones. Se trata de la unidad básica de todo aquello que vemos cada día. Podríamos detenernos aquí y divertirnos un poco con la forma tan personal en que miramos las cosas. Por ejemplo, ¿qué quieres expresar exactamente cuando dices que te gusta algo? ¿Qué es lo que afirmas que te gusta? Si te gusta el color de la pared, es como decir que te agrada una parte del espectro electromagnético y no otras partes. Sucede lo mismo con cualquier objeto exterior. ¿Realmente te gustan algunos átomos y no otros? Es un poco raro, ¿no? Esta verdad es sumamente poderosa porque todo lo que ves consiste en un montón de átomos en los que la luz rebota.

Tras cientos de años de estudio, la ciencia nos explica que los átomos se unen formando moléculas a través de las leyes de los enlaces covalentes e iónicos. Esto puede parecer complicado, pero en realidad se trata solamente de las leyes del magnetismo que determinan qué átomos se unirán con otros. Estas leyes, a su vez, determinan lo que ves en el mundo externo. Ciertamente, a este nivel es fácil darse cuenta de que no se trata de algo personal. No tiene nada que ver contigo. Tú no decides qué átomos o moléculas se unen de forma natural. Lleva sucediendo en todo el universo durante miles de millones de años.

Se estima que existen 118 tipos de átomos en el universo conocido, de los cuales 92 están presentes en la Tierra de forma natural y conforman la tabla periódica de los elementos. La tabla periódica representa las piezas clave de todo lo que ves y con lo que interactúas en cada momento de tu vida. Esto no sucede solo en la Tierra. Todas las estrellas, los planetas, y todo lo que encontramos en todas partes está hecho de estos componentes básicos. Muchos de nosotros hemos estudiado ciencias naturales en el colegio, pero ¿qué pasa si aplicas lo que has aprendido a tu vida cotidiana? Lo que tienes delante es simplemente la acumulación de grandes cantidades de átomos que se combinan según las leyes de la naturaleza: se trata solamente de ciencia y no hay nada personal en ello. Molestarse a causa del flujo de átomos que pasa frente a ti es sumamente ilógico. ¿Por qué disgustarse por el modo en que se han unido un grupo de átomos? No te preocupes, antes de llegar al final de esta lectura habremos explorado a fondo el fenómeno de cómo nos alteramos a causa de un montón de átomos.

A partir de aquí nuestra exploración se pone realmente interesante porque la pregunta pasa a ser: «¿De dónde vienen los átomos?». Como parte de nuestra indagación acerca del origen de la materia, conocer la procedencia de los átomos puede darte una idea de tu lugar en el universo. Todo lo que está sucediendo en tu vida diaria se debe a que tu conciencia está mirando los electrones, neutrones y protones que se han juntado para formar átomos y moléculas. Dado que este es el mundo en el que vives, dediquemos un tiempo a explorar de dónde procede todo ello, ya que la comprensión de este punto tiene el potencial de modificar tu visión de la vida.

8
El origen de la materia

S I ESTUDIAS EL ORIGEN DE LA MATERIA, descubrirás que en general existe un consenso científico respecto al proceso básico de la creación. Se estima que hace unos 13 800 millones de años se produjo una gigantesca explosión llamada *Big Bang*. Además, se cree que antes de esta explosión todas las galaxias y todo lo que hay en ellas, toda la masa y la materia del universo, cabían en un espacio más pequeño que un átomo. Esto es lo que dice la ciencia moderna, no se trata de una teoría descabellada. Exploremos con asombro y agradecimiento cómo la ciencia de la creación puede contribuir a nuestra liberación espiritual.

Después del Big Bang, la energía liberada estaba tan caliente que carecía de forma. Era meramente radiación desenfrenada. Pero en una fracción de segundo comenzaron a formarse partículas subatómicas a partir de este campo de energía. Todavía no era posible la formación de ninguno de los elementos que conocemos, ya que la radiación era demasiado caliente y se expandía a la velocidad de la luz. De este modo, todo el universo permaneció sin forma durante unos 380 000 años. Después, la radiación se enfrió lo

46

suficiente como para que las fuerzas fundamentales de la gravedad y el electromagnetismo juntaran partículas subató-micas y formaran los primeros átomos. Conocemos estas partículas subatómicas como electrones, neutrones y proto-nes. Todo nació del campo de energía primordial y de las partículas subatómicas que proceden de ese campo. La cien-cia moderna llama a esto *campo cuántico*, y la física cuántica es una rama de la ciencia que estudia estas partículas suba-tómicas y el modo en que crean la materia tal y como la conocemos.

Los primeros átomos eran de hidrógeno, debido a que se trata de la estructura más simple que existe: un electrón negativo y un protón positivo. A causa de la fuerza del mag-netismo, estas partículas se atrajeron entre sí para formar un átomo. A medida que se formaban los átomos de hidrógeno, fueron acumulándose grandes masas de nubes de hidró-geno. Cuando disminuyó la densidad de estas nubes, comen-zaron a liberarse partículas subatómicas de luz llamadas fo-tones, y ese fue el inicio de la luz tal como la conocemos. Es interesante que la Biblia diga: «En el principio [...] la tierra era una masa caótica y las tinieblas cubrían el abismo» (Gé-nesis 1:2). Esto se aproxima bastante a la visión de la ciencia. En aquellos tiempos primigenios, la luz no podía escapar de las densísimas nubes de gas. Una vez que la expansión alige-ró las nubes lo suficiente, de repente sucedió: «Hágase la luz y la luz se hizo» (Génesis 1:3). Es sorprendente la similitud que existe entre el principio de la creación según el Génesis y la visión de la cosmología científica actual.

Ahora que hemos visto de dónde provienen los átomos de hidrógeno, podemos seguir investigando sobre la fuente de los demás elementos que componen nuestro mundo. Cuando la expansión se ralentizó aún más, entró en juego otra de las fuerzas fundamentales: la fuerza de gravedad, por la cual los objetos con masa son atraídos entre sí. Puesto que los átomos de hidrógeno tienen masa, al ir acercándose entre sí, la gravedad se hizo tan fuerte que fusionó dos átomos en uno. Cuando se combinan dos núcleos de hidrógeno, se crea un átomo de helio. Este proceso de fusión de elementos más ligeros en otros más pesados se llama *fusión nuclear*, y ha estado sucediendo en todo el universo durante cientos de millones de años.

Cabe señalar que cada vez que tiene lugar esta fusión de dos átomos, se origina una tremenda liberación de energía atómica. De repente, comenzaron a producirse explosiones nucleares por todo el universo que liberaban una poderosa energía radiante. Este es el nacimiento de lo que llamamos las estrellas primigenias. Una estrella nace por la fusión de átomos de hidrógeno, lo cual libera enormes cantidades de energía y genera átomos de helio como un subproducto. El helio puede considerarse la ceniza que deja este proceso de fusión del hidrógeno. Allí donde las nubes de gas de hidrógeno fueran más densas después del Big Bang, comenzaron a surgir estrellas primigenias. Ese es el origen de las estrellas. Todas las estrellas que ves en el firmamento nacieron a través del proceso de fusión del hidrógeno.

Aunque todo esto se inició hace 13 800 millones de años, tenemos evidencia de ello en la actualidad. Están naciendo estrellas ahora mismo y es posible observar este proceso. Si dispones de unos prismáticos lo bastante potentes como para divisar la nebulosa de Orión, verás gases con estrellas brillando en su interior. Las nebulosas, entre las que se encuentran la de Orión y la de Cabeza de Caballo, no solo son bellas imágenes de nubes de gas brillantes y coloridas, también son criaderos de estrellas. Las estrellas surgen en el interior de esas nubes de gas mediante el mismo proceso que tuvo lugar hace 13 800 millones de años cuando se crearon las primeras estrellas. Las estrellas nacen y, como veremos, también mueren en un ciclo cósmico de vida que refleja lo que ocurre aquí en la Tierra.

Hasta ahora hemos explorado un universo limitado a los gases de hidrógeno y helio, y a las brillantes estrellas que iluminan el cosmos. Pero el mundo externo con el que interactuamos cada día es mucho más complejo. ¿De dónde viene el resto? Para entenderlo, primero debemos analizar el ciclo de vida de una estrella. A medida que se produce la fusión del hidrógeno estelar, la gravedad atrae el helio producido hacia el núcleo de la estrella, ya que el helio es más pesado que el hidrógeno. Esto aumenta la atracción gravitatoria del núcleo lo suficiente como para contrarrestar la energía expansiva de las explosiones causadas por la fusión del hidrógeno. Así es como la estrella se mantiene estable. Pero ¿qué sucede cuando la estrella se queda sin hidrógeno? Comienza a morir.

Durante las primeras etapas del proceso de extinción, las capas externas de hidrógeno siguen quemándose y se expanden creando una «estrella gigante roja» que es muchas veces el tamaño de la estrella original. Para poner esto en perspectiva, cuando una estrella del tamaño del sol haya consumido su hidrógeno, se expandirá hasta convertirse en una gigante roja tan grande como para engullir la Tierra. Pero no te preocupes, se estima que el sol dispone de hidrógeno suficiente para seguir activo durante otros cinco mil millones de años.

Mientras tanto, cuando una estrella deja de fusionar hidrógeno, la atracción gravitatoria del núcleo de helio será cada vez mayor, ya que no habrá explosiones de fusión que la compensen. El interior de la estrella empieza a colapsar. Dependiendo del tamaño original de la estrella, pueden ocurrir dos cosas: o bien su núcleo quedará vagando por el espacio, o bien la creciente fuerza de gravedad ejercida sobre la región central será lo suficientemente potente como para que comience la fusión del helio, formando elementos más complejos, como el carbono. El proceso de fusión de estos elementos más complejos reanimará a la estrella, que se calentará incluso más que antes. Según el tamaño de la estrella, esta «agonía» puede repetirse una y otra vez. Ciclo tras ciclo, se formarán elementos cada vez más complejos como subproducto de la fusión de elementos más ligeros, y finalmente la estrella comenzará a colapsar de nuevo al quedarse sin combustible. Cada vez que se produce este ciclo de muerte, se crean más y más elementos de la tabla periódica.

El número de estos ciclos de muerte y renacimiento por los que pasará una estrella depende de su tamaño original. Cuanto más grande sea la estrella, mayor será la fuerza gravitatoria ejercida durante su colapso, y por tanto mayor será la fuerza disponible para reiniciar el proceso de fusión de los elementos más complejos. En la mayoría de las estrellas, este proceso se detiene cuando el subproducto de la fusión es el hierro (elemento 26 en la tabla periódica). Esto se debe a que el hierro absorbe más calor que el que se crea durante el proceso de fusión. Por tanto, no se puede producir una reacción de fusión con este elemento. Las grandes estrellas sobreviven hasta tener núcleos de hierro rodeados por capas formadas por elementos restantes de ciclos anteriores que no se han quemado completamente. Así es como se crearon los elementos más ligeros de la tabla periódica (del 1 al 26), desde el hidrógeno hasta el hierro.

Por muy interesante y educativo que resulte todo esto, recuerda que el objetivo de esta exploración es conocer de dónde viene «el mundo externo». Y aunque parezca increíble, los elementos que componen nuestro mundo se forjaron en las estrellas. Por ejemplo, tu cuerpo. Ya hemos explicado el origen de los elementos que componen tu cuerpo: son subproductos directos de lo que hace brillar a las estrellas. Casi el 99 por ciento de la masa del cuerpo humano está compuesta por seis elementos: oxígeno, carbono, hidrógeno, nitrógeno, calcio y fósforo. Todos estos elementos son más ligeros que el hierro y, por tanto, fueron producidos por el proceso de fusión de estrellas comunes. Todo esto son hechos que conocemos, no teorías. Los científicos han estudiado todas las etapas del ciclo de vida estelar, y sabemos de qué están hechas las estrellas. A pesar de esto, algunas personas se preguntan: «¿No desafían estos hechos científicos mi creencia de que Dios es el creador del universo?». Una respuesta apropiada sería: «Por supuesto que no. Simplemente muestran *cómo* Dios creó todas las estructuras del universo».

Las estrellas son los hornos que se emplearon para la creación del cosmos. Cada átomo con el que interactúas fue creado en las estrellas, y en este momento miles de millones de estrellas están generando más elementos. En la ciudad de Pittsburgh hay hornos que alcanzan una temperatura tan elevada como para fraguar el acero empleado para construir gigantescos rascacielos. Del mismo modo, las estrellas son los hornos que han forjado los átomos con los que interactuamos cada día. Espero que no vuelvas a mirar a las estrellas de la misma forma que antes.

9
El poder de la creación

AHORA QUE HEMOS VISTO cómo las estrellas comunes crean los elementos más ligeros de nuestro mundo, podemos pasar a un tema aún más fascinante: la forma en que se producen los elementos más pesados de la tabla periódica, como el oro, el platino y la plata, es decir, aquellos que tienen un número atómico superior al del hierro (26). El hierro forma la línea divisoria, ya que absorbe más calor del que libera durante el proceso de fusión. Por tanto, este elemento no emite suficiente energía térmica para impedir el colapso de una estrella. A menos que la estrella original fuera excepcionalmente grande (una «supergigante roja»), acabará muriendo cuando llegue a tener un núcleo de hierro.

Lo que ocurre durante la muerte de una estrella supergigante roja es uno de los acontecimientos más sorprendentes del universo conocido, y proporciona la fuente de energía necesaria para crear los elementos más pesados. Si la estrella es lo bastante grande antes de su colapso, la intensidad de este puede llegar a aplastar los átomos del núcleo. En lugar de fusionar los átomos de hierro, esta tremenda fuerza empuja sus electrones hacia el propio núcleo. Puesto que los electrones tienen carga negativa y los protones del núcleo tienen carga positiva, se atraen entre sí y forman neutrones, que no tienen carga. Una vez que esto sucede, el núcleo de hierro acabará convirtiéndose en una masa de neutrones sumamente compactados. Ya no habrá átomos, ni electrones ni protones. La intensidad del colapso de esta gran estrella hasta reducirse a solamente neutrones habrá destruido la estructura de la materia tal como la conocemos.

Lo que queda es una estrella de neutrones de un tamaño diminuto, pero de una masa enorme. Las estrellas de neutrones son físicamente del tamaño de una ciudad, pero tienen una masa que es más de trescientas mil veces más pesada que el planeta Tierra. La densidad de una estrella de neutrones es tan grande, que si se trajera una cucharadita de ella a la Tierra pesaría alrededor de 5 000 millones de toneladas.

La cantidad de energía liberada por el colapso del núcleo de la estrella hasta reducirse a neutrones es tan poderosa que crea una explosión descomunal llamada *supernova*. Se trata de una explosión tan gigantesca que una sola supernova emite más luz que la luz combinada de todos los miles de millones de estrellas de su galaxia juntas. Se trata de la explosión más brillante y poderosa que hemos descubierto en nuestro universo.

Resulta que la enorme fuerza generada durante la explosión de una supernova es precisamente lo que se necesita para crear el resto de los elementos con los que interactuamos cada día. La explosión masiva de una supernova es capaz de hacer lo que la fuerza de la gravedad no pudo durante la creación de los elementos más ligeros: fusionar los elementos más pesados. La próxima vez que mires tu alianza de oro o abras una lata, reflexiona sobre el hecho de que, para existir, estos elementos han requerido el poder combinado de miles de millones de estrellas.

Estás rodeado de innumerables objetos con los que interactúas cada día. A través de los sentidos percibes sin ningún esfuerzo tanto gigantescos rascacielos como diminutos clips. En su origen, cada uno de estos objetos está hecho de átomos. Acabas de dedicar un tiempo a comprender de dónde proceden todos estos átomos y a constatar que tú no los creaste: fueron creados en las estrellas. Esto debería hacer que te sientas pequeño y suscitarte un sentimiento de admiración por el poder de la creación que se manifiesta ante ti. Espero que esta profunda sensación de humildad y asombro te ayude durante tu viaje espiritual hacia la libertad y la liberación.

10
No es personal

ACABAMOS DE EXPLORAR DE DÓNDE viene el mundo que te rodea. Comenzó con el Big Bang, y luego se crearon los diferentes tipos de elementos mediante el proceso de fusión atómica. Cuando las estrellas explotan al morir, toda la materia acumulada en sus capas exteriores se expulsa al espacio interestelar. El carbono, el oxígeno, el silicio, el oro y la plata flotaban en el espacio como nubes de elementos, y luego la gravedad los unió para formar planetas. Así se creó el planeta Tierra con sus noventa y dos elementos naturales, todos ellos forjados en las estrellas. Este proceso ha durado más de trece mil millones de años, y todo aquello con lo que interactúas cada día está compuesto por este «polvo de estrellas», incluido tu cuerpo. Esta es la verdad, y debemos recordarla y reflexionar sobre ella de forma regular.

Volvamos al punto de partida de esta exploración. Empezamos con el hecho de que siempre hay un momento delante de ti. Solo tienes que abrir los ojos y ahí está. ¿De dónde viene? Ahora lo sabemos. Ese momento procede de las estrellas. Los átomos se cocieron en los hornos solares y luego se juntaron en esta masa que llamamos Tierra. Has estudiado en la clase de ciencias lo que ocurrió después. Los elementos se unieron para formar moléculas estables, como el H_2O, siguiendo las leyes del electromagnetismo. Debido a la interacción de estas leyes hay agua en los océanos. Al formarse otras moléculas más complejas, crearon la sopa primordial en la que se originaron los organismos vivos. Cada parte de cada célula de tu cuerpo está compuesta por elementos creados en las estrellas hace miles de millones de años.

Esto explica de dónde proviene tu cuerpo, pero no explica de dónde vienes *tú*. Tú no estás hecho de átomos; tú eres la conciencia que es consciente de los objetos que están hechos de átomos. Tu cuerpo puede ser el resultado de un largo proceso de evolución darwiniana, pero ¿qué hay de ti que te encuentras ahí dentro? ¿De dónde vienes, cómo llegaste ahí y por qué las cosas son de ese modo en el ámbito interno? Las ciencias naturales pueden explicar el exterior, pero ¿qué pasa con el interior? Esto es precisamente lo que estudiaremos en los siguientes capítulos.

Lo que la ciencia ha descubierto sobre la realidad debería aumentar el respeto que sientes por la creación. El hecho de que seamos capaces de explicar estos sucesos asombrosos que tuvieron lugar debería dejarte con una sensación de asombro. Solo hay que ver el resultado después de 13 800 millones de años. Atrévete a mirar lo que está frente a ti desde esta óptica. Ahora que sabes el origen de todo, presta atención. Lo que tienes delante es algo muy sagrado, todo ello.

Ahora considera si este proceso de creación tiene algo que ver contigo. ¿Estabas tú por ahí causando algo de esto? ¿Vas a estar durante los próximos mil millones de años generando todo lo que va a suceder en todas partes? Por supuesto que no. El universo es un sistema extraordinario de causa y efecto. Lo que fue causa lo que es; lo que es causa lo que será. Esto ha estado ocurriendo desde el principio de los tiempos en todo el universo. Cada momento que está frente a ti es consecuencia de miles de millones de años en los que todo ha sucedido exactamente como lo hizo para que ese momento se manifieste tal como lo hace.

Para entender bien lo que esto significa, tomemos un ejemplo sencillo de tu historia familiar. Si tu tatarabuela no hubiera conocido a tu tatarabuelo, no estarías aquí. Esa es simplemente la verdad. Dediquemos un momento a relatar la historia de cómo se conocieron para que veas lo dependiente que es todo de todo lo demás. Esta historia se remonta a la época de los dinosaurios. Había un gran dinosaurio que estaba vagando por lo que ahora es el centro-sur de Florida después de una fuerte tormenta. Cuando este dinosaurio posó su enorme pie en el suelo húmedo, imprimió una huella gigantesca en el barro. Con el tiempo, el agua de lluvia fue acumulándose en esta huella profunda, y la tierra comenzó a erosionarse a su alrededor. Al final, la zona de agua se expandió tanto que se convirtió en lo que ahora llamamos lago Okeechobee.

Millones de años más tarde, la tribu mayaimi se asentó junto a ese lago debido a la presencia de agua dulce, peces y otros animales. Pasaron varios siglos y los colonos españoles construyeron un pequeño pueblo en la orilla del lago. Tu tatarabuela era descendiente de los mayaimi y tu tatarabuelo estaba visitando el pequeño asentamiento español. Un día que llovía a cántaros en los alrededores del lago, tu tatarabuelo se encontraba bebiendo en la taberna. Estaba tan borracho cuando salió del lugar que no se dio cuenta de que tu tatarabuela pasaba por allí empapada. Él bajó las escaleras a trompicones y se cayó al suelo, mientras tu tatarabuela se resbalaba en el barro y caía justo encima de él. Se miraron, se echaron a reír y fue amor a primera vista. El resto es historia.

En otras palabras, si el dinosaurio no hubiera pasado por allí hace millones de años, si la tribu mayaimi no se hubiera asentado en esas tierras, si los españoles no hubieran construido un pueblo, si no hubiera estado lloviendo ese día, si tu tatarabuelo no se hubiera caído borracho en el lugar exacto donde tu tatarabuela resbaló en el barro no estarías aquí ni tampoco otras muchas cosas. Cada cosa es el resultado de todo lo que ha sucedido en el tiempo y el espacio. Tú no eres el hacedor: eres el experimentador de la realidad.

Si esto es cierto, y lo es, entonces es una necedad pensar: «Vale, han hecho falta 13 800 millones de años para que este momento tenga lugar, y cada cosa tenía que ocurrir exactamente como lo hizo, pero lo cierto es que no me gusta». Resulta gracioso. Es como decir que no te agrada que Saturno tenga anillos.

¿Ves ahora por qué hemos dedicado un tiempo a explorar de dónde proviene lo que tienes delante? No tiene nada que ver contigo; es el resultado de innumerables factores que han hecho que sea como es. Esta es una primera aproximación a lo que significa realmente la rendición y la aceptación. No renuncias al mundo externo, sino que lo aceptas totalmente. Te deshaces del concepto personal e imaginario que tenías sobre él. Si te preguntaran si te parece bien que Saturno tenga anillos, probablemente pondrías cara de desconcierto y dirías: «¿Qué tiene que ver conmigo? Es una pregunta absurda». La verdad es que todas las cosas son así. No tienen nada que ver contigo. Están relacionadas con las fuerzas que hicieron que fueran como son, y esas fuerzas se remontan a miles de millones de años. La aceptación total

de esta verdad es la rendición. Debes despojarte de la parte de
ti que cree que tiene derecho a sentir agrado o aversión por
el resultado de miles de millones de años de interacciones.
La rendición consiste en soltar la parte de ti que no está viviendo la verdad. Esa es la verdadera rendición.

Con el tiempo, te darás cuenta de que el momento que
tienes delante es algo sagrado. Nuestra exploración científica
sobre el origen de ese momento es en realidad sumamente
espiritual. La física cuántica investiga el hecho de que todo
el universo emana de un campo de energía omnipresente e
indiferenciado: el campo cuántico, y nos muestra cómo todo
está hecho de luz. Eso solía ser un concepto estrictamente
espiritual. Así pues, los científicos son ahora nuestros sacer-
dotes. Nos revelan la existencia de una fuerza subyacente
que es el cimiento de la creación. La ciencia nos enseña que
cada momento que tenemos delante es digno de un gran
respeto. Una persona espiritual comprende estas verdades,
las integra en su ser y vive su vida en consecuencia.

Si el momento que tienes delante ha tardado 13 800
millones de años en llegar hasta ti y tú has tardado 13 800 millones de años en estar delante de ese momento, entonces
cada instante es perfecto para ti. No hay nadie más experimentando exactamente lo que tú estás experimentando. La
verdad es que nadie lo ha hecho nunca y nadie lo hará jamás.
Ese momento exacto nunca estará ahí de nuevo. Los momentos siguen pasando a través del tiempo y el espacio. Se
te está ofreciendo un espectáculo único que ha tardado miles de millones de años en crearse, lo tienes justo delante de
ti, y te quejas de ello. Todos pensamos que tenemos buenas
razones para quejarnos. Pues bien, el propósito de este viaje
que hemos emprendido juntos es eliminar esas razones, sean
las que sean.

El momento que tienes delante es un regalo de la creación. Hay formas, colores y sonidos. Hay gente y muchas cosas que hacer. No es así en Marte, ni en ningún otro lugar que hayamos visto hasta ahora en la exploración del universo. Pero no vivimos nuestras vidas con una sensación constante de asombro y agradecimiento. Por eso estas exploraciones sobre cosmología y física cuántica son espirituales. Te retiran el derecho de convertirlo todo en algo personal cuando no es personal. Aunque seas consciente del momento que tienes delante, tú no has creado ese instante. Simplemente se te está dando la maravillosa oportunidad de experimentar un momento en la creación. Ha tardado miles de millones de años en llegar hasta aquí: asegúrate de no perdértelo.

Suele creerse que la ciencia es opuesta a Dios, como si ambos estuvieran enfrentados. El verdadero problema es que la gente no cree realmente en ninguno de los dos. Si pensaras que la ciencia explica la creación de todas las cosas, vivirías tu vida con la conciencia constante de que todo aquello con lo que interactúas procede del campo cuántico, que tras agruparse en átomos y moléculas aparece en la forma que tienes delante. No te gustaría ni te disgustaría, sino que te asombrarías de ello. Del mismo modo, si realmente pensaras que Dios es el creador de todas las cosas, vivirías asombrado y apreciando la maravilla de la creación divina. No te gustaría ni te disgustaría, sino que te asombrarías de su existencia.

Vives en un mundo en el que una semilla que cae en el suelo tiene incorporado un químico inteligente que sabe cómo descomponer las moléculas de la tierra y el agua, mezclarlas con la luz solar y combinar esas sustancias para formar un tallo de maíz o un árbol. Resulta que este «químico inteligente» es la compleja molécula de ADN. ¿De dónde procede esta asombrosa estructura molecular? Todos sus elementos se forjaron en las estrellas y luego se unieron de forma natural en la estructura del ADN gracias a las cuatro fuerzas fundamentales (gravedad, electromagnetismo y las fuerzas nucleares fuerte y débil). La inteligencia humana no tuvo nada que ver con la creación del ADN y, sin embargo, es el responsable de toda la vida vegetal y animal de la Tierra. Vivimos en un mundo tan perfecto que debería asombrarnos constantemente. Pero debido a nuestro hábito arraigado de hacer que todo sea personal nos perdemos tanto la grandeza de la ciencia como la divina.

Comenzamos esta exploración preguntando cómo estás ahí dentro. Sabes que estás ahí dentro: ¿cuál es la naturaleza de las experiencias que estás teniendo? Para responder a esto, en primer lugar, hemos investigado sobre el origen y la naturaleza del mundo externo en el que vives. Es probable que ahora sientas más respeto y estima por él. Ese momento que tienes delante es especial. Tal vez te interese cultivar un sentimiento de apreciación por él y fijarte en el efecto que eso tiene en tu vida.

A continuación, trabajaremos con la mente y sus pensamientos, y luego con el corazón y sus emociones. Si bien ni los pensamientos ni las emociones te llegan a través de los sentidos, ciertamente son cosas que experimentas. A medida que vayamos examinando cada capa, irá resultándote más fácil soltar, aceptar y rendirte. Recuerda que no se trata de renunciar a la vida sino a tu resistencia a ella. Podemos emplear el término *atención plena* para referirnos al estado en el que siempre eres consciente de lo que realmente sucede a tu alrededor y en tu interior. No solo eres consciente de la apariencia de las cosas, sino también de su verdadera naturaleza: de dónde vienen, por qué son como son y qué ha hecho falta para que se manifiesten ante ti. La atención plena es un proceso natural y carente de esfuerzo una vez que dejas de lado las distracciones personales. En lugar de pensar que el momento que tienes delante debe ser de una manera concreta, empiezas a pensar que es sencillamente impresionante tal como es. De hecho, su propia existencia es ya increíble.

A partir de ahora, allí donde mires y con todo aquello con lo que interactúes, recuerda decir: «Gracias». Y asegúrate de mostrar respeto a las estrellas. No son solo puntitos románticos que titilan en el cielo nocturno, sino que constituyen los hornos del universo. Han creado todo para ti. ¿Eres capaz de darles las gracias? ¿Eres capaz de percatarte de esta verdad, y entender que tú no has hecho nada para merecer los árboles, los océanos y el cielo? Ni siquiera sabes de dónde viene ese *Tú* que se da cuenta. Solo estás ahí dentro experimentando este increíble regalo que se despliega ante ti. *Esto es la espiritualidad: armonizarse con la realidad, en lugar de con el yo personal.*

PARTE III

La mente

11
La mente vacía

DADO QUE ERES UN SER CONSCIENTE, tienes conocimiento del mundo que te llega a través de los sentidos. Pero tu conciencia no se limita a ese mundo externo. También posees experiencias internas. Unas veces, el contacto con el mundo te hace sentir bien y, otras veces, te hace sentir mal. Dado que el mundo externo es en realidad una serie de átomos, ¿por qué ejerce ese efecto interno en ti? ¿Cómo es posible que un puñado de átomos te altere por dentro? ¿Qué es lo que sucede?

Eres capaz de experimentar tres cosas distintas: el mundo externo, la mente y las emociones. Ahora que hemos examinado en profundidad la naturaleza del mundo externo, iniciaremos un viaje que nos permitirá comprender el segundo objeto de la conciencia: la mente. ¿Qué es la mente? Todos sabemos lo que es. Estamos aquí dentro y la experimentamos todos los días de nuestra vida. En el sentido más simple, la mente es un lugar en el que existen pensamientos. Tenemos pensamientos todo el tiempo, por ejemplo: «¿Por qué ese individuo conduce tan despacio? Va a conseguir que llegue tarde. ¿Qué hago ahora?». No cabe duda de que lo anterior eran pensamientos, pero ¿dónde están? Desde luego, no se encuentran en el mundo externo. Los científicos no son capaces de leer tus pensamientos, por mucho que lo hayan intentado. Pero tú sí puedes. No se ha fabricado una máquina, incluso por miles de millones de dólares, que pueda leer tus pensamientos. Sin embargo, tú puedes hacerlo sin esfuerzo. Posees un poder asombroso.

Tómate un momento para asimilar este hecho. Tu conciencia tiene la capacidad de ser consciente de cosas que las máquinas no pueden detectar: pensamientos y emociones. Estos objetos de la conciencia existen claramente, pero no en lo que definimos como el mundo «físico». La ciencia nos ha mostrado que todo el universo se reduce a energía. Los pensamientos y las emociones son simplemente energía que vibra a una frecuencia tan elevada que las máquinas no la detectan. Algún día tal vez lo consigan. No fue posible detectar los rayos gamma, los rayos X ni la luz infrarroja hasta la construcción de aparatos capaces de captar esas vibraciones más sutiles. Y no se consideró que estos objetos de mayor vibración fueran algo ajeno a nuestro mundo. Simplemente se amplió la definición del espectro electromagnético para incluirlos. No es que las vibraciones más altas no hayan estado ahí siempre, simplemente no habíamos sido capaces de detectarlas.

Del mismo modo, tus pensamientos están ahí y siempre han estado ahí. Si un científico te dijera: «No, tus pensamientos no están ahí. No puedo detectarlos, así que no existen», te marcharías riéndote. Sabes que tus pensamientos están ahí. Tú, esa misma conciencia de la que hemos hablado, tienes la capacidad de prestar atención o no prestar atención a los pensamientos que se crean en esta vibración energética superior. A este rango de frecuencia más elevado se lo ha llamado *plano mental*.

El tema de la mente suscita numerosos interrogantes. Por ejemplo, ¿qué son los pensamientos y de dónde vienen? Dado que los científicos no tienen acceso directo a tus pensamientos, solo tú puedes responder a estas preguntas. Estás ahí dentro y tienes la capacidad de observar tu mente. Incluso usas los términos «mi mente» y «mis pensamientos». Dices: «Tuve un pensamiento terrible el otro día. Últimamente me están agobiando mucho los pensamientos». ¿Cómo sabes que tuviste un pensamiento terrible? ¿Cómo sabes que tus pensamientos te incomodan? Estás ahí dentro, así que sabes lo que es estar ahí dentro experimentando pensamientos. Puedes considerar la mente como un campo de energía de vibración muy elevada en el que se generan pensamientos. La mente no son los pensamientos. La mente es el campo de energía en el que los pensamientos pueden existir. Al igual que las nubes no son el cielo, pero existen en el cielo y están formadas por la sustancia del cielo, los pensamientos no son la mente, pero existen en la mente y están formados por la sustancia de la mente.

El budismo habla de la *mente vacía*. En el sentido más puro, eso es a lo que nos referimos cuando empleamos el término «mente». Se trata de un campo de energía en el que no hay nada. No hay pensamientos, solo un campo de energía en absoluta quietud y sin forma que llamamos «mente». Esto no es algo conceptual: puedes vivirlo. Los meditadores que han profundizado en sí mismos saben que esto es posible: descansas en la vacuidad, en la mente vacía. Estás ahí, pero no hay pensamientos, solo una total quietud y un completo vacío. Es como un potente ordenador que no dispone de *software*. Se trata de un ordenador con un gran potencial, pero que no hace nada. Eso es la mente vacía. No es estúpida; de hecho, sus capacidades latentes son enormes. Simplemente está quieta y no genera pensamientos. Básicamente, eso es lo que los budistas entienden por mente vacía, y es nuestro punto de partida para entender la mente.

El mundo externo existe con independencia de este campo mental. Tanto si la mente está quieta como si es ruidosa, el planeta sigue girando sobre su propio eje y todas las galaxias siguen flotando en el espacio. La energía que compone el plano físico tiene una vibración más densa que la energía que compone el plano mental. Por tu propia experiencia personal, sabes que la conciencia es capaz de ser consciente tanto del plano físico como del plano mental al mismo tiempo.

Ahora que hemos examinado el concepto de la mente vacía, exploremos el proceso de formación de objetos en el campo mental. Para que tú, ahí dentro, la conciencia, seas consciente del plano físico, se te ha dado un cuerpo físico provisto de los cinco sentidos: vista, oído, olfato, gusto y tacto. Este cuerpo es un regalo de las estrellas perfeccionado por la evolución. Gracias a los sentidos te llegan vibraciones del mundo externo que pasan a través de los receptores sensoriales, viajan por los nervios sensoriales hasta el cerebro y se manifiestan en la mente, donde las experimentas. Esta representación del mundo externo es una de las funciones más básicas de la mente. Es muy parecido a ver un partido de béisbol que se juega en California, mientras tú te encuentras en tu domicilio en Florida. Las cámaras que graban el partido captan las vibraciones físicas de luz y sonido, que luego se digitalizan y se transmiten a un receptor en tu casa. Por último, las señales recibidas se reproducen en tu televisor de pantalla plana. Parece que estás viendo el partido, pero no es así: lo que estás viendo es la representación de las señales transmitidas que captaron las cámaras.

Es sorprendente el gran paralelismo que existe entre el anterior ejemplo y lo que sucede cuando «ves» el mundo que te rodea. Los sentidos captan las diferentes vibraciones del mundo externo, al igual que los sensores de una cámara. Sin embargo, en el caso de los sentidos, puedes percibir cinco tipos de vibración diferentes, no solo la vista y el sonido. Los sentidos convierten las diferentes vibraciones en impulsos eléctricos nerviosos y los transmiten al cerebro. Las señales se representan entonces en el campo energético de la mente con el fin de reproducir la fuente física original todo lo posible. Conoces lo que está sucediendo frente a ti, al ser consciente de la imagen mental que se representa en tu mente, así como tienes conocimiento del partido que se celebra en California, al ser consciente de la imagen que reproduce la pantalla de tu televisor en Florida.

No estás ahí fuera en el mundo. Estás dentro, totalmente adentro. Aunque están sucediendo cosas en todas partes del mundo, solo experimentas esa parte que captan tus sentidos y que se representa en tu mente. La mente ya no está vacía: su energía ha adoptado la imagen exacta de aquello que está al alcance de los sentidos. Como ya hemos mencionado, no estás mirando el mundo externo. Este se reproduce en tu mente y tú miras esa imagen mental. Realmente no es tan diferente de cuando estás soñando. En el estado de sueño, las imágenes son creadas en la mente, y tú las miras. El estado de vigilia es lo mismo, salvo que las imágenes mentales son generadas por los sentidos en lugar de por la propia mente. Estas imágenes mentales que se forman en la mente son como las imágenes que se producen en tu televisor. La pantalla estaba en blanco, pero ahora ha adoptado la forma del partido de California, igualmente, tu mente estaba vacía, pero ahora ha adoptado la forma del mundo externo que te rodea.

Tu mente es absolutamente brillante. El televisor tiene un procesador de señal digital que recibe la señal, la decodifica y la reproduce en la pantalla y a través de los altavoces. Tu mente toma los impulsos nerviosos codificados y representa toda la escena que tienes delante, incluida la percepción de la profundidad, además de añadir el tacto, el olfato y el gusto. Reproduce todos estos detalles a partir de la elevada vibración energética de ese ámbito mental. Esta representación exacta del mundo externo es una de las funciones principales de la mente: te permite experimentar el mundo externo ahí dentro. La mente es un regalo increíble. Aunque carece de forma, es capaz de crear formas más geniales que las realizadas por el ordenador más potente. La mente es en realidad el primer ordenador personal. De hecho, es tan personal que no necesita ninguna forma externa. Su pantalla está en el interior, su capacidad de computación y la capacidad gráfica también se encuentran dentro, y no necesitas un teclado, un ratón o un reconocimiento de voz para comunicarte con él. Está tan cerca de ti que responde a tu voluntad y al más mínimo impulso de tu corazón.

Hemos pasado de una mente vacía a una mente que representa el mundo externo y te permite experimentar tu entorno. La experiencia es el néctar de la vida. Estás ahí, y eres capaz de experimentar gracias a la capacidad de representación de tu mente. ¿Qué sentido tiene la vida si no la experimentas? Hemos explorado ampliamente cómo se creó el mundo externo: millones de años de actividad estelar han dado como resultado todo lo que aparece a tu alrededor. Has visto cómo se creó. Ahora ya comprendes cómo la conciencia, que no pertenece al mundo de la forma, puede experimentar lo externo: a través del milagro de la mente.

En verdad, la conciencia es el milagro más profundo. Una esencia que sabe que sabe. Todo lo demás es algo de lo que eres consciente, pero la verdadera magia es la conciencia misma. A lo que sucede cuando la conciencia simplemente experimenta la realidad tal como se visualiza en la mente lo llamamos *estar en el momento presente*. En este punto de nuestra exploración, no hay ningún otro lugar donde estar. El mundo real está fuera, se está reflejando en tu mente, y eres consciente de la imagen que tienes delante. En este estado tan simple, estás experimentando lo que se supone que debes experimentar: el regalo del momento que se te está ofreciendo. Llega y aprendes de él sencillamente por haberlo vivido. No hay distracciones; solo hay una unidad total con el momento que tienes delante.

Todo el mundo ha experimentado un momento especial como este. Tal vez haya sido necesaria una hermosa puesta de sol para que llegues a ese estado de conciencia unitario. Ibas conduciendo y al doblar una esquina, de repente, contemplaste cómo el sol se ponía con hermosas tonalidades de púrpura, naranja y magenta. Era lo más bello que habías visto en tu vida y te dejó boquiabierto. ¿Qué significa eso de que «te dejó boquiabierto»? Significa que no quedó nada en tu mente más que esa imagen de la puesta de sol. Ni la hipoteca, ni el problema con tu novio o novia, ni las preocupaciones del pasado. La única experiencia que estabas teniendo era esa hermosa puesta de sol que entraba por tus ojos, que se representaba en tu mente y que se fusionaba con todo tu ser. Toda tu conciencia estaba centrada y enfocada en la experiencia que estabas teniendo, en lugar de estar dispersa aquí y allá. Se trataba realmente de una experiencia espiritual.

Los Yoga Sutras de Patanjali señalan que en este estado el experimentador y la experiencia se convierten en uno.

Has permitido una fusión entre el sujeto y el objeto. No hay nada que distraiga tu conciencia de lo que está sucediendo delante de ti. Se trata del estado yóguico de *dharana*, la concentración en un solo punto.

Has vivido otras experiencias que se acercan a este estado de absorción en un solo punto. A veces, en los momentos de intimidad y conexión con alguien a quien quieres, cuando todo está bien, te pierdes en el momento. De repente, se apoderan de ti una belleza y una paz absolutas. Cuando tu conciencia se funde con el objeto de la conciencia, puedes sentir la presencia de Dios. En la filosofía yóguica, el Ser que eres se llama *sat-chit-ananda*, eternidad-conciencia-dicha suprema. Cuando ese Ser se centra en un solo objeto, se experimenta la naturaleza del Sí Mismo: paz total, satisfacción y dicha desbordante. Esto está disponible para nosotros en cualquier momento si aprendemos a penetrar en ese estado de conciencia exento de distracciones.

12
El nacimiento de la mente personal

¿**P**OR QUÉ NO VIVIMOS SIEMPRE en un estado extático de conciencia unitaria? ¿Qué fue lo que falló? ¿Qué provocó la «expulsión del paraíso»?

Es muy sencillo: percibimos el mundo externo y nos parece hermoso. El propio acto de experimentarlo resulta una vivencia sumamente emotiva. Sin embargo, eso no significa que todo se perciba igual. El calor te parece diferente del frío, porque son distintos. No es que uno sea mejor que el otro: simplemente, se perciben de forma desigual. Si alguien te toca suavemente, la sensación que te produce es muy diferente a si te golpea. Las cosas diferentes se experimentan de maneras diversas. Según el budismo, todo posee su propia naturaleza. Una serpiente de cascabel enroscada llega a la mente como una experiencia muy diferente a la de una mariposa que se posa en tu brazo. La serpiente de cascabel irradia su naturaleza, emite una vibración particular. Esa vibración es impresionante a su manera, pero ciertamente no genera la misma experiencia interna que en el caso de la mariposa. Esto no es negativo. Es algo muy real. ¿Qué hay de malo en tener una variedad de experiencias? Si una mariposa se posara sobre ti a cada momento, se convertiría en algo tan normal que te parecería irrelevante. Dios supo crear un mundo que siempre resultara emocionante.

En realidad, tu conciencia se expande gracias a las enseñanzas que va recibiendo. Estás aprendiendo y creciendo a través de las experiencias que vives. Este aprendizaje a través de la vida es el verdadero crecimiento espiritual. Es la evolución del alma. Al igual que todo lo que aprendes te hace más inteligente, cada experiencia que tienes te convierte en una persona más sabia. Cuando la presencia de una serpiente de cascabel llega a tu mente, es cierto, no resulta una experiencia interior gratificante. No la sientes del mismo modo que una mariposa, pero es una experiencia igual de rica e importante. Si estás dispuesto a mantenerte abierto en este nivel, seguirás todavía en el «paraíso». No hay problemas, solamente experiencias de aprendizaje. Pase lo que pase, te estás expandiendo.

Por desgracia, no es así como vivimos. Algo salió muy mal. Examinemos con detenimiento esta «expulsión del paraíso». Primero, llega algo como una serpiente de cascabel, por ejemplo, que no es una experiencia especialmente satisfactoria. De hecho, se supone que el silbido de una serpiente es una experiencia desagradable que incluso puede generar malestar a un nivel de supervivencia. Así pues, se produce una fuerte reacción interna ante la experiencia externa.

Pero esta molesta reacción interna no es mala en sí misma, sino que es una vibración diferente, al igual que algunos colores son relajantes y otros chillones. Los colores no son malos ni buenos: son diferentes tipos de vibraciones del espectro electromagnético. Puedes aprender a sentirte cómodo con estas diferentes vibraciones. Una serpiente de cascabel no se va a quedar ahí siseando toda la vida. Vendrá y se irá, y sus inquietantes vibraciones desaparecerán con ella.

Después ocurrirá algo más. Vives en un lugar dinámico que está repleto de experiencias de crecimiento. Simplemente estás ahí experimentando la creación a medida que llega y pasa a través de ti.

Sin embargo, tú no practicas ese grado de aceptación. Tú, que estás ahí dentro experimentando lo que está representando tu mente, tienes la capacidad de resistirte a lo que no te gusta. Se te ha concedido el libre albedrío. Puedes usar esa voluntad como si fueran unas manos interiores para alejar los pensamientos y las emociones que te desagradan. Seguro que lo has hecho. Esa resistencia constituye un acto de voluntad. La voluntad es un poder innato que posees: en realidad es un poder que brota de la conciencia. Así como el sol se mantiene en su sitio, pero emite rayos muy poderosos, también la conciencia permanece inmóvil mientras se expande hacia aquello sobre lo que se enfoca. Cuando la conciencia se centra en algo es sumamente poderosa, al igual que cuando se enfocan los rayos del sol a través de una lupa. Sientes entonces el poder de la concentración en un solo punto. Se trata de la conciencia centrada, que es la fuente de la fuerza de voluntad.

La fuerza de voluntad desempeña un papel fundamental en la comprensión de cómo la mente degeneró desde la claridad a la confusión. Seguramente habrás notado que tu atención no se posa de manera uniforme sobre todos los objetos que se representan en tu mente. Prestas atención a unos más que a otros. De este modo, según la vibración del objeto en cuestión te resultara más o menos cómoda, ese objeto te «gustó» o «no te gustó». Esta es la base de cómo se formó la mente personal: el agrado y la aversión. Esto sucede a un nivel muy primario. Básicamente, depende de si tienes la capacidad de experimentar lo que llegue sin hacer nada al respecto, aparte de experimentarlo plenamente, es decir, de permitir que los objetos simplemente pasen a través de ti.

Cuando una experiencia interior no te resulta neutral, esto atrae tu atención. En el momento en que eso ocurre, las cosas que pasan por tu mente ya no son uniformes: una ha destacado sobre las demás. Lo único que ha hecho falta es que enfoques tu conciencia en ella. Tu conciencia es una fuerza y estás centrando esa fuerza en un objeto mental concreto. Cuando la fuerza de la conciencia se enfoca en un objeto mental, ese objeto no puede seguir su curso como los demás objetos. Así como los vientos solares interfieren en los objetos que atraviesan el espacio, la conciencia enfocada es una fuerza que afecta a los objetos que pasan por la mente.

Cuando enfocas la conciencia en una forma mental particular, dificultas que esa forma atraviese la mente. El mismo acto de centrarte en ella hace que persista. Tú sabes esto. Cuando quieres hacer cálculos matemáticos, te concentras en los números con el fin de que permanezcan el tiempo suficiente para poder manejarlos. De hecho, siempre que quieras retener algo mentalmente, debes fijar la atención en ello para que no se desvanezca. La concentración congela las formas para que no pasen a través de la mente. Así, cuando veías una serpiente de cascabel, te parecía un elemento aislado en tu mente. La verdad es que también había otros elementos representados aparte de la serpiente como árboles, hierba, cielo, etc. Pero solo te concentraste en aquella serpiente y dejaste pasar el resto. Curiosamente, al centrarte tanto en ella, congelaste la experiencia de la serpiente en tu mente. No había forma de que dejaras entrar del todo esta incómoda experiencia, y ese es el origen de la resistencia.

¿Sabes lo que significa «dejar entrar algo del todo»? Ya hemos hablado antes de la hermosa puesta de sol y de la experiencia romántica perfecta. Querías experimentar plenamente esos bellos momentos, así que te abriste y dejaste que entraran en tu ser por completo. Estos son los momentos especiales de la vida, cuando algo te toca hasta lo más profundo de tu ser. No hay manera de que esta serpiente de cascabel llegue hasta allí. Ni siquiera tienes que pensar en ello. La resistencia es simplemente una respuesta natural a algo que no resulta cómodo. Tratas de mantenerlo a distancia.

¿Alguna vez has mantenido algo a distancia ahí dentro? Tal vez un comentario que te hirió en el pasado o quizá una etapa complicada que atravesaste cuando eras joven o incluso un divorcio terrible. Por supuesto que lo has hecho, pero eso no significa que el suceso en cuestión no haya sucedido. No estaría ahí dentro si no hubiera tenido lugar. Aunque no puedes evitar que eso haya ocurrido, no tienes por qué dejarlo entrar del todo. La mente es un lugar extenso. Hay mucho espacio entre donde la experiencia se representa por primera vez y donde la experimentas por completo. Puedes usar la voluntad para mantener la imagen mental a distancia. Este es un acto de resistencia muy primario.

Ahora que te has resistido a la experiencia de la serpiente de cascabel, y has dejado pasar el resto de ese momento, llega una mariposa. Se posa sobre ti y te parece una experiencia tan hermosa que te centras en ella de forma natural. Cuando la mariposa echa a volar, no quieres que se vaya, así que empleas tu voluntad para aferrarte a esa imagen mental. Esto es lo que en el budismo se conoce como *aferrarse*. Puesto que no puedes aferrarte a la mariposa porque se ha ido volando, tratas de agarrarte al patrón mental de la mariposa. Alejas de ti la sensación de la experiencia de la serpiente de cascabel y te aferras a la sensación que te suscitó la experiencia de la mariposa. Ninguno de estos patrones mentales puede terminar su viaje natural a través de la mente. No solo no consigues experimentarlos plenamente en la profundidad de tu ser, sino que se quedan atascados en tu mente. Aunque ni la serpiente de cascabel ni la mariposa siguen ahí presentes, los patrones relacionados con estas experiencias quedan retenidos en el campo energético de la mente. Tal es el poder del agrado y la aversión.

Tanto el aferramiento como la resistencia mantienen las representaciones mentales en tu mente. Es fundamental comprender esto. La mente experiencial estaba destinada a ser como una pantalla de televisión clara que representa la imagen que se le envía. Pero ahora te has aferrado a imágenes que ya no son generadas por el mundo externo. Se atascaron en tu mente como patrones mentales, y a consecuencia de ello, no estás en armonía con la realidad. Previamente estabas ahí dentro experimentando el regalo de la realidad, pero ahora también experimentas las pautas energéticas a las que te has aferrado en tu mente. Estas pautas son completamente diferentes de las de otras personas. Los patrones mentales que han quedado atrapados en cada uno son únicos y personales dependiendo del modo en que hemos interactuado con nuestras experiencias pasadas. Dado que todos hemos tenido diferentes experiencias pasadas y hemos interactuado con ellas de forma distinta, las impresiones que tenemos en nuestras mentes son totalmente diversas. *Este es el origen de la mente personal.*

El problema es que la realidad no es personal. Como ya has visto, no hemos creado este mundo. Simplemente estamos experimentando el milagro de la creación que se desarrolla a nuestro alrededor. Sí, hay serpientes de cascabel y mariposas en el mundo, junto con muchas otras cosas. Pero ahora hay SERPIENTES DE CASCABEL Y MARIPOSAS en tu mente, incluso cuando no están realmente delante de ti. Ahora que has retenido estas impresiones residuales en tu mente, la realidad tiene que competir con ellas por tu atención. Tu capacidad de centrarte plenamente en el mundo externo se verá obstaculizada por la distracción constante causada por estas impresiones internas.

13
La expulsión del paraíso

L A RESISTENCIA ES EL COMIENZO de lo que puede considerarse la caída o expulsión del paraíso. Estabas bien siendo consciente de esta impresionante creación que se encuentra en cambio constante y que te presentaba continuamente regalos en forma de experiencias que contribuían a tu aprendizaje y crecimiento. Por ejemplo, el regalo de la música. Cuando estás profundamente absorto en la música, no hay pensamientos erráticos, la música penetra sin ningún esfuerzo y alimenta la profundidad de tu ser. Puedes elevarte al estado de éxtasis escuchando música. Cuando hay claridad en la mente, todo llega de esa manera. Te hallas en un estado celestial experimentando lo que se vierte sobre ti, o estás profundamente absorto en la quietud interior de tu ser. Has vuelto al paraíso: todo es hermoso sin esfuerzo.

En cambio, una vez que retienes serpientes de cascabel y mariposas en tu mente, eres incapaz de permanecer en ese estado de conciencia puro. Estos dos patrones mentales se han convertido en objetos poderosamente cargados que atraen tu atención hacia ellos. Cuando la mente estaba despejada, tu conciencia se enfocaba en la representación del mundo externo que pasaba ante ti. Esta representación resultaba sumamente entretenida y satisfactoria, pero puesto que no tenías nada que hacer con ella, simplemente iba y venía. Por el contrario, los objetos poderosamente cargados que has mantenido en tu mente no aparecen y desaparecen. El mundo que tienes delante viene y va, pero estos objetos mentales permanecen porque los estás conservando en tu mente. Además, dado que los consideras más importantes que el resto, tu conciencia se distrae más con ellos.

Ya no todo resulta igual y esto supone un gran problema. A continuación, vas caminando por la carretera y te encuentras con una cuerda; lo que pasa es que ya no percibes la cuerda igual que antes de haber visto la serpiente de cascabel. La cuerda te recuerda a la serpiente. ¿Qué significa «te recuerda»? No es una serpiente, sino una cuerda. Sin embargo, cuando percibes la cuerda, la conciencia puede elegir entre prestar toda la atención a la cuerda o distraerse con la imagen mental negativa de la serpiente de cascabel. La mente inmediatamente fusionará estos dos objetos mentales y te asustarás. ¿Asustado por una cuerda? Sí, estás aterrorizado a causa de una cuerda.

Sucede algo parecido con la imagen de la mariposa que está fijada en tu mente. Después de que esta se haya ido volando, sigues centrándote en su imagen mental. Todavía sientes la buena sensación que te ha aportado y tratas de aferrarte a ella, aunque ya no forme parte de tu realidad presente. Entonces algo nuevo llega desde el exterior, como una persona que pasa. Aunque la mente represente esta nueva imagen a la perfección, tu conciencia no la ve por completo, ya que sigue distraída por la imagen de la mariposa que se ha quedado atrapada en tu mente. Anteriormente el momento frente a ti era la experiencia que estabas viviendo en tu interior, pero ahora tienes una preferencia: optas por experimentar la imagen mental de la mariposa en lugar de la realidad que se presenta delante. Ha surgido un mundo completamente nuevo en el que enfocar la conciencia, el mundo que has construido en tu mente. Ese mundo no coincide con la realidad de la creación. Ese mundo interior es tu propia creación personal hecha de los objetos mentales que no has dejado pasar de largo. Eso es lo que representan esas imágenes mentales: hechos del pasado que tú mantuviste en tu mente a propósito. Como veremos, estas impresiones son las semillas iniciales que acabaron construyendo un autoconcepto o yo personal.

Para verlo con más claridad, tomemos de nuevo el ejemplo de un televisor de pantalla plana. Cuando salieron las primeras pantallas de plasma, tenían el problema de las «imágenes fantasma». Los fabricantes advirtieron que, si se detenía una imagen durante demasiado tiempo, se crearía una sombra o imagen quemada en la pantalla. Aunque el programa prosiguiera, la antigua imagen seguía ahí. ¿Disfrutarías de ver la televisión así? Ya se han terminado las noticias, pero cuando empieza la película, la imagen del presentador sigue superpuesta sobre ella. Pues bien, eso es exactamente lo que ocurre con la mariposa y la serpiente de cascabel. Ya no puedes ver con claridad lo que acontece delante de ti porque tienes esas otras imágenes en la pantalla de tu mente. Has estropeado tu pantalla. No era tu intención. Apartar las experiencias que no te agradaban parecía una acción inocente. ¿Adónde crees que fueron a parar cuando te resististe a ellas? Se almacenaron en forma de impresiones duraderas en tu mente.

Merece la pena examinar con detenimiento el efecto de estas imágenes fantasma. En el principio se produjo el milagro de la creación. Se creó la forma que te llega a través de los sentidos para que puedas experimentarla. Al parecer, en algún momento no te gustaron ciertas vibraciones, por lo que las apartaste cuando se representaron en tu interior. Esa resistencia deliberada hizo que permanecieran en la mente. De ahí viene *lo personal*. Hemos mencionado antes que nada es realmente personal. Pero tú has decidido llenar la santidad de tu mente con imágenes congeladas de tu pasado. Estas impresiones se quedarán en tu mente y atraerán tu conciencia hacia ellas. Ahora tienes una visión limitada y sesgada de la realidad que distorsionará todas tus experiencias durante el resto de tu vida. Ese es el poder de la mente personal.

Hasta ahora solo nos hemos centrado en la serpiente de cascabel a la que te resististe y en la mariposa a la que te aferraste. Con eso es suficiente para distorsionar tu experiencia de la realidad. Pero sé sincero contigo mismo: ¿cuántas de estas impresiones albergas? Llevas haciendo esto toda tu vida. Además, esta clase de impresiones se apoyan unas en otras. Ahora que tienes almacenada una impresión de una serpiente de cascabel, puedes asustarte fácilmente con el sonido de un sonajero infantil. De hecho, si ello te suscita un malestar considerable, podrías llegar a evitar a los bebés. Eso es una preferencia personal y de ahí vienen todas las demás. Una vez que has creado preferencias, estas dominan toda tu experiencia vital.

Estas impresiones que se quedan atrapadas en la mente se llaman *samskaras* en la ciencia yóguica. Se habla de ellas en los antiguos textos de las upanisads. ¿Cómo podía saberse esto miles de años antes de que Sigmund Freud expusiera sus teorías sobre la represión? Esto se debe a que las personas que atesoraban este conocimiento eran meditadoras. No necesitaban que alguien se lo enseñara: lo veían en sus propias mentes. Si te encuentras en un estado de quietud, centrado en la propia conciencia, te das cuenta de todo lo que pasa ante ti. Tú eres el máximo experimentador de tu mente, el problema es que no estás prestando atención.

Desear las mariposas y rechazar las serpientes de cascabel te genera tanta tensión que pierdes el estado de conciencia centrada. Cuando el mundo que te rodea penetra en ti e impacta en tus patrones almacenados y los activa, eres incapaz de observar la realidad de forma objetiva. Tu conciencia se ve arrastrada por los samskaras activados, y todo se distorsiona. Esta es la base de la *psique*, tu yo personal.

¿Qué es la psique? Es algo que construyes en el interior de la mente que tiene que ver contigo: «Yo soy ese a quien no le gustan las serpientes de cascabel. Yo soy ese a quien le gustan las mariposas». Acabas de formar un autoconcepto. En otra persona será diferente: tendrá una psique creada alrededor de tormentas eléctricas, perros que muerden y gatitos que se acurrucan. Todo el mundo ha tenido diversas experiencias y, por tanto, cada uno fabrica una mente personal distinta en su interior. Nadie lo hace a propósito, se trata de una acción reactiva. Ocurre de forma natural porque no estás preparado para experimentar abiertamente la vida. El estado más elevado es sentirse cómodo aprendiendo y creciendo a partir de las experiencias vitales. Pero si algunas experiencias te causan malestar, empleas tu voluntad para resistirte a ellas. Eso simplemente significa que no has evolucionado lo suficiente en esa área. Existe una evolución física y también una evolución espiritual. Ambas implican adaptabilidad a tu entorno. La primera en lo relativo a tu cuerpo y la segunda a ese «tú» que está ahí dentro, el alma.

Los sucesos que llegan están destinados a ser experimentados por ti. Si tienes problemas para vivirlos, tu tarea consiste en aprender a aceptar. ¿Qué derecho tienes a aferrarte a la realidad o a resistirte a ella? Tú no fabricaste la realidad, ni estuviste aquí durante los miles de millones de años en que se ha creado. Volvemos a la pregunta: «¿Te gusta que Saturno tenga anillos?». Tu respuesta fue: «¿Qué tiene que ver conmigo?». Pues bien, esa es la respuesta correcta para cada fragmento de realidad al que le ha llevado miles de millones de años acabar frente a ti.

La verdadera cuestión no es si te gustan o no las cosas, sino por qué te sientes incómodo con ellas. La razón es en realidad bastante simple: porque no puedes asimilarlas. Resulta complicado dejar pasar ciertas experiencias sin una perturbación residual. Pero debes aprender a hacerlo. Has aprendido a jugar al tenis. Has aprendido a tocar el piano. Has aprendido todo tipo de cosas, tal vez incluso cálculo matemático. Al principio no sabías cómo llevarlas a cabo. Seguramente te resultaban molestas hasta que aprendiste a sentirte cómodo con ellas. El alma puede aprender. Tú, ahí dentro, la conciencia, puedes aprender a experimentar la realidad. Para hacerlo, no debes resistirte. De lo contrario, alejarás la realidad de inmediato. Eso es la aceptación: la no resistencia. Es fijarse el compromiso de permitir sin reservas que la realidad acceda directamente a la parte más elevada de tu ser. Al final, lo que sueltas es tu resistencia a la realidad. Aprendes a dejarla entrar, aunque no te sientas cómodo mientras se vierte sobre ti.

Lo mismo ocurre con las experiencias positivas, como la de la mariposa. Alguien que te agrada se acerca a ti y te dice: «¿Sabes? Me gustas mucho. Me pareces una persona muy atractiva y me gusta estar contigo». Se trata de una experiencia tan agradable que inmediatamente te aferras a las cosas bonitas que te han dicho. Esa persona vuelve a lo que estaba haciendo, pero tú eres incapaz. No puedes concentrarte en tu trabajo porque las impresiones que se han quedado en tu mente siguen distrayéndote. Esto es lo contrario de *estar aquí y ahora*: estás practicando *estar allí y entonces*. Acabas de tener una hermosa experiencia y la has estropeado al aferrarte a ella, como en el caso de la mariposa. La has deteriorado creando una preferencia con una de las experiencias de tu vida. Ahora cada vez que suena el teléfono y no es esa persona que te agradó tanto, te sientes decepcionado. Sé consciente de que has hecho lo siguiente: alguien te dijo algo bonito y no supiste gestionarlo. No fuiste capaz de dejar que fuera una experiencia agradable, sino que te aferraste a ella mentalmente y, en realidad, te ha resultado perjudicial.

Ya emplees tu voluntad para resistirte o aferrarte, estas impresiones residuales permanecerán en tu mente. Ahora has creado una capa entera de la mente que alberga tus samskaras, los patrones energéticos de tu pasado que quedaron inconclusos. Llegarás a ver que este acto de aferrarte y resistirte determina la calidad de tu vida. Estas impresiones distraen tu conciencia de la realidad del momento presente. Es más, si estás constantemente distraído por esos samskaras, no experimentarás nunca quién eres realmente.

Existe una gran diferencia entre la memoria y un samskara. Un ordenador tiene capacidad de almacenamiento de memoria, al igual que tu mente. Es una función natural de la mente almacenar versiones comprimidas de lo recibido por los sentidos en su memoria a largo plazo. Estos recuerdos acumulados pueden ser recuperados con la más mínima intención. Cuando aprendes el nombre de una persona, este dato se almacena en la memoria a largo plazo. Cuando posteriormente la vuelves a ver, su nombre aparecerá en el primer plano de la mente sin ningún esfuerzo, aunque hay que admitir que a veces hay que hacer un esfuerzo voluntario para recuperar el recuerdo. Son formas bastante normales de guardar recuerdos y evocarlos.

En claro contraste con la memoria normal, si experimentas un suceso que te cuesta manejar cuando se representa en tu mente, empleas la voluntad para reprimirlo de forma consciente o inconsciente. No lo quieres por nada del mundo en tu mente, ni en el presente ni en el futuro y por eso tratas de apartarlo por completo. Cuando haces esto, estás resistiéndote a la totalidad del suceso: lo que penetró en ti a través de los sentidos, lo que sentiste emocionalmente, y lo que pensaste al respecto. Este «paquete» de experiencia que has rechazado no puede pasar a través de ti de forma normal, porque no lo permites. Toda su energía está encerrada en tu mente, y no permanece ahí tranquilamente. Dado que trata de liberar sus energías bloqueadas, puede distorsionar tus recuerdos del pasado, así como perturbar tu experiencia del presente. Las energías bloqueadas en la mente son como un virus informático que distorsiona tanto la mente consciente como la subconsciente. En capítulos posteriores exploraremos en profundidad cómo estos patrones energéticos bloqueados, los samskaras, también impiden el flujo natural de la energía.

Cuando te comprometes con el crecimiento espiritual, trabajas en soltar los bloqueos almacenados del pasado y no seguir acumulándolos en el presente. Esto no significa que se interrumpa el proceso normal de almacenamiento de memoria de la mente. No te olvidas de las experiencias de la vida. Simplemente no te resistes ni te aferras a ellas y, por tanto, no las almacenas como samskaras. Siguen siendo recuerdos objetivos e inofensivos.

Tomemos un ejemplo muy cercano para algunas personas. Tienes una ex pareja: «No quiero volver a verla. No quiero volver a hablar de ella nunca más. Ni siquiera me gusta que se pronuncie su nombre. Me incomoda, aunque llevemos varios años divorciados». Esto no denota una memoria objetiva, no cabe duda de que se trata de un samskara. Dices que te divorciaste de tu ex pareja, pero en realidad no lo hiciste. Su presencia sigue molestándote en tu interior. Ni siquiera quieres ir a una fiesta si sospechas que podrías encontrártela. Has mantenido estas impresiones bloqueadas en tu mente y, en última instancia, has creado un universo alternativo en el que sigues lidiando con tu ex. La memoria normal no es así; se comporta adecuadamente. Al igual que la memoria de un ordenador, no aparece de forma arbitraria. No posee energías bloqueadas que necesiten ser liberadas. La memoria ordinaria está ahí cuando la necesitas, no te persigue durante toda tu vida.

Afortunadamente, la mayoría de las cosas que te suceden en la vida son neutrales. Pasan sin obstáculos y están disponibles para ser evocadas cuando es oportuno. Cuando conduces un vehículo te guías por las líneas blancas de la carretera, pero estas no vuelven a aparecer por sí solas en tu mente en momentos inoportunos. Tampoco lo hacen los coches, los árboles, los edificios y la miríada de otros objetos que encuentras cada día. Llegan y pasan. Pero hay algunas cosas que son más difíciles de gestionar y por eso te resistes o te aferras a ellas. Así es como fuiste expulsado del paraíso de la realidad. Las impresiones se quedaron dentro de tu mente y se convirtieron en los cimientos sobre los que construiste tu psique.

14
El velo de la psique

L A PSIQUE ES COMO UN PROGRAMA de ordenador que se
ejecuta en tu mente basado en tus samskaras. Está ahí
dentro hablándote de cosas que acontecieron, de lo que deseas que suceda ahora y de lo que esperas que ocurra o no
ocurra mañana. En verdad, has creado una realidad alternativa dentro de tu mente que es sumamente compleja. Se
trata de una enorme mezcolanza de momentos almacenados
que no has sido capaz de soltar. En este punto, ni siquiera
necesitas otra serpiente de cascabel para alterarte. El hecho
de que la experiencia de la serpiente esté atascada en tu
mente significa que habrá otras cosas que te la recordarán.
De hecho, puedes evocarla sin necesidad de un recordatorio
externo. Tal vez estés conduciendo ocupándote de tus asuntos y, de repente, recuerdes lo aterradora que era esa serpiente y vuelvas a asustarte. Así pues, ya no nos relacionamos con
la realidad. Tenemos tal embrollo ahí dentro que no es de
extrañar que la vida nos resulte problemática. Así es la naturaleza de la mente personal.

Con independencia del barullo mental interno, lo cierto
es que la mente personal no eres tú, como tampoco lo es la

pantalla del televisor. Pero resulta mucho más difícil observar objetivamente tu mente que la pantalla televisiva. Esto se debe al poder de las impresiones que has almacenado en tu mente. Estas impresiones pasadas compiten con la imagen de la realidad que llega desde el exterior y hacen que sea difícil distinguir cuál es cuál. Resulta complicado mantener una posición de observación objetiva cuando todo resulta tan confuso ahí dentro. Los samskaras no deben tomarse a la ligera, ya que distorsionan seriamente tu experiencia vital.

Tomemos el ejemplo del test psicológico de Rorschach, a menudo conocido como test de manchas de tinta. El psicólogo te muestra una mancha de tinta y te pregunta qué es lo que ves. Tú respondes de inmediato que ves a gente haciendo el amor o, tal vez, a tu padre y tu madre peleándose. En otras palabras, el test de Rorschach estimula los patrones que has almacenado en tu mente, provocando que veas lo que en realidad no está ahí. Lo cierto es que el mundo entero es un gigantesco test de Rorschach. El mundo es un flujo de átomos que se despliega ante ti. No es más personal que las manchas de tinta. Pero está impactando en tus samskaras, y eso estimula las reacciones mentales y emocionales almacenadas. Ahora, en lugar de experimentar lo que sucede fuera, experimentas los gustos, las aversiones, las creencias y los juicios acumulados en tu interior. Estas impresiones son tan fuertes que en realidad piensas que son lo que realmente está presente ahí fuera, al igual que con las manchas de tinta. La mente personal se ha apoderado de toda tu vida. Ya no eres libre de disfrutar de las experiencias que realmente están teniendo lugar. Te ves obligado a lidiar con lo que tu mente dice que está sucediendo.

Profundicemos un poco más en cómo los samskaras afectan a tu vida. Hemos visto que lo que te llega del exterior estimula tus bloqueos mentales del pasado. Las experiencias pasadas fueron incómodas cuando te resististe a ellas, y van a seguir siendo incómodas cuando vuelvan a surgir. Para empeorar las cosas, al igual que con el test de Rorschach, no estás viendo lo que realmente hay fuera, sino tus problemas internos proyectados en el exterior. Por eso la vida te resulta tan aterradora y parece que siempre te golpea en tus puntos débiles. *La verdad es que la vida no se ensaña con tus puntos débiles, sino que tú proyectas tus puntos débiles en la vida.* Sin embargo, no todo lo que almacenaste ahí fue negativo. También te aferraste a algunos sucesos positivos del pasado. El problema es que ya no se repiten, y eso te resulta decepcionante. Si regresas al mismo lugar donde viste la mariposa, pero no encuentras ni rastro de ella, esto se convierte en una experiencia negativa.

Es importante que entiendas que acabas de convertir la vida en una situación en la que siempre pierdes. Si algo te recuerda eso que te ha molestado antes, pierdes. Si no consigues volver a experimentar eso que tanto te gustaba antes, también pierdes. Esto contrasta claramente con lo que el zen llama la *mente de principiante*. Cuando no esperas nada en particular de una situación, y sucede algo especial, la experiencia puede conmoverte profundamente. Puede tratarse de una hermosa puesta de sol, el primer beso que te dan de forma inesperada, o cualquier otra sorpresa agradable. Si te llega tan hondo debido a que no tienes samskaras en tu mente sobre ello, estás experimentando la mente de principiante. De lo contrario, estarás esperando que suceda algo basado en experiencias anteriores, y eso interferirá en la espontaneidad del suceso.

El resultado final es que estos samskaras han arruinado tu vida. Han hecho que, a menos que ocurra algo completamente diferente que te saque de este sistema de preferencias, no puedas sentir nada plenamente. Por esta razón hay quienes necesitan irse a los extremos para conseguir un subidón. También es el motivo por el que algunas personas tratan de mantener todo exactamente igual para que la vida no perturbe sus samskaras. En cualquier caso, tratar de que la mente sea un lugar aceptable para vivir puede obligar a la gente a buscar escapes como la bebida y las drogas. Se llega a un punto en el que se corre de un lado a otro tratando de apaciguar la mente.

Con el tiempo, te darás cuenta de que lo que te tiene harto no es tu trabajo, tu cónyuge o tu automóvil, sino escuchar tu embrollo mental. Mientras todos estos patrones del pasado estén bloqueados en tu mente, no podrás experimentar ahí dentro el milagro de la vida que se despliega ante ti ni la belleza natural de tu interior. Tu conciencia estará completamente distraída por estos patrones mentales almacenados, y deberás dedicar todo tu tiempo a servirlos. Ya no experimentas la realidad: estás atascado experimentándote a ti mismo.

Hay un concepto en el zen que se conoce como «solo ver un árbol» y que encaja perfectamente con nuestra exposición. La historia es la siguiente: había un joven monje budista que vivía en un monasterio y que mantenía sesiones diarias con su maestro. El maestro le hacía algunas preguntas y después el monje se retiraba. Un día en que el monje acudió a su cita habitual, el maestro lo miró y comentó: «¿Qué te ha pasado? Pareces muy vivo y lleno de luz».

—¿Qué quieres decir? —preguntó el discípulo sorprendido.

—Veo una diferencia en ti, hijo mío. ¿Qué ha pasado? —inquirió el maestro.

El monje le contestó:

—Iba caminando por el patio y vi el gran roble. Me detuve y lo miré. Lo había visto muchas veces anteriormente, pero esta vez *solo vi un árbol*. De alguna manera, esto me llevó a un lugar tan profundo que sentí un despertar. Sentí un momento de iluminación. Me transportó más allá de mí mismo.

—Ese árbol lleva ahí cien años —reflexionó el maestro—. Has pasado junto a él todos los días desde que vives aquí.

—Sí —asintió el discípulo—, pero antes, cuando pasaba junto a él, me recordaba al árbol bajo el cual se sentó Buda cuando alcanzó la iluminación. Otras veces, me recordaba al árbol del que me caí cuando era pequeño. Ese árbol siempre estimulaba patrones de pensamiento de mi pasado. Esta vez *solo vi un árbol*.

El maestro sonrió.

El concepto de «solo ver un árbol» es de lo que hablamos al principio de nuestra exploración de la mente: el árbol te llega por medio de los sentidos, se representa en tu mente y eso es lo que ves. Sin embargo, lo que suele ocurrir es que, cuando el árbol se representa en tu mente, estimula los samskaras del pasado que tengas sobre árboles. Tus samskaras se activan y tu conciencia se dispersa entre la imagen primaria del árbol y la explosión secundaria que acontece en tu interior. Esta explosión secundaria es la reacción que se produce en tu mente debido a los patrones allí almacenados. Ya no puedes tener experiencias puras. El joven monje la tuvo cuando fue capaz de «ver solo un árbol». Si no entendiste esto antes, espero que lo hagas ahora. Un maestro zen estaría complacido contigo, porque «solo ver un árbol» es un concepto muy profundo en el budismo zen.

No hay nada malo en la mente misma, al igual que no hay nada malo en un ordenador: es la forma de emplear estos poderosos dones lo que puede causar un problema. Casi no hay límite para la brillantez de la mente. La gente piensa que Einstein era inteligente, pero casi nadie entiende su propia brillantez. Todos, cada uno de nosotros, tenemos una mente humana. No tenemos una mente de zarigüeya ni de ardilla, ni siquiera de simio. Tenemos una mente humana, y la mente humana es brillante.

15
La brillante mente humana

¿Qué tiene de especial la mente humana? Echemos un vistazo a esta cuestión. Durante miles de millones de años, mientras el planeta Tierra giraba por el espacio, tuvo lugar el proceso evolutivo. Primero surgieron minerales, luego plantas y más tarde animales. Todos ellos se formaron a partir de átomos creados en las estrellas. El planeta llevaba 4 500 millones de años flotando en el espacio antes de que aparecieran los humanos modernos. Cabe destacar que antes de la aparición de los seres humanos la vida en la Tierra seguía siendo prácticamente igual para las demás especies y giraba en torno a las necesidades básicas de comida, refugio y supervivencia. Las cosas no han cambiado mucho para estos animales. Los monos vivieron en los árboles durante decenas de millones de años, igual que ahora. Los peces nadaron en las aguas durante cientos de millones de años, exactamente igual que ahora. Todo en la Tierra permaneció sin grandes cambios hasta que nosotros, los humanos, aparecimos con nuestra mente humana. Descubrimos la electricidad e iluminamos la noche. Construimos gigantescos rascacielos y maquinaria que nunca antes había existido. Incluso excavamos en la tierra, extrajimos minerales y desarrollamos materiales avanzados como los chips de silicio. Luego fabricamos una nave espacial en la que volamos a la Luna.

Compara eso con lo que han hecho otros animales. Siguen viviendo exactamente igual que hace mil, cien mil y un millón de años. Tú no. Antes te cobijabas en cuevas y ahora te planteas vivir en Marte. ¿Qué ha hecho que esto suceda? ¿Escondió Dios una nave espacial en algún sitio y la encontraste? No, todo eso lo hizo tu mente. Tu mente se dio cuenta de que todo se compone de átomos y luego halló la forma de dividir el átomo. La mente humana descubrió cómo se creó el universo hasta llegar al nivel cuántico. También construyó el telescopio espacial Hubble que puede tomar imágenes hasta del principio de la creación.

Para el Hubble es posible captar la luz que ha viajado por el espacio durante más de trece mil millones de años. Esto nos permite ver lo que ocurría hace trece mil millones de años. ¿Eres capaz de pensar siquiera en eso? Lo cierto es que lo eres, debido a que tienes una mente humana.

La mente humana es asombrosa y ha logrado descubrimientos importantes. Tú estás ahí dentro, en lo más profundo, y atesoras el uso de una mente brillante. Dicho esto, ¿qué hace el humano medio con su mente? Einstein empleó su mente para llevar a cabo «experimentos mentales» sobre el comportamiento de la luz, la gravedad y la física del espacio exterior (¡aunque ningún humano había estado allí!). Mientras tanto, tú mantienes tu mente ocupada con tus relaciones y con la imagen que poseen de ti los demás, tratando de conseguir lo que quieres y de evitar lo que no quieres. Puede que no tengas la mente de Einstein, pero comparada con cualquier otro ser vivo de la Tierra, tu mente es admirable. La cuestión no es si tu mente es brillante, si no qué haces con esa brillantez.

Hemos visto hasta ahora que la mente por sí misma, sin tu interferencia, está haciendo lo que se supone que debe hacer. Te ofrece el regalo de representar el mundo externo para que tú lo experimentes. Pero te ha costado aceptar ese regalo. Comenzaste a resistirte cuando te parecía demasiado incómodo y a aferrarte cuando te parecía demasiado deseable. Esto provocó la acumulación de patrones mentales en tu interior. Ahora, el procesamiento de las experiencias externas actuales se distorsiona por las reacciones de los samskaras pasados.

Esto puede verse como capas mentales. La primera capa es donde tiene lugar la representación de la experiencia externa presente. Podemos llamarla la *capa del aquí y ahora*. La siguiente capa es la de los patrones almacenados del pasado que no soltaste una vez que la experiencia externa hubo terminado. Podemos llamarla la *capa de samskaras*. Pero hay otra capa más. Esta capa es aquello que estás haciendo con tu brillante mente para tratar de resolver las molestias creadas por los samskaras. Se trata de la *capa de pensamientos personales*, y es con la que más te identificas: crees que eso es lo que eres. La combinación de estas tres capas es lo que llamamos la *mente personal*. La tuya es completamente única para ti.

Creamos la capa de pensamientos personales cuando utilizamos el inmenso poder intelectual de la mente para conceptualizar un mundo exterior que no nos moleste y que, de hecho, nos haga sentir bien. Parece perfectamente lógico. El problema es que lo que creemos que nos hará sentir bien o mal es simplemente el resultado de patrones mentales bloqueados del pasado. Si empleamos nuestra brillantez mental para desarrollar patrones de pensamiento basados en cómo tienen que ser todos y todo para que nos sintamos bien, hemos limitado nuestra vida a servir a nuestros samskaras. Y nuestros pensamientos personales no se detienen aquí. ¿De qué sirve analizar cómo necesitas que sean las cosas si no vas a ocuparte también de lograr que sean de esa manera? Primero pensamos en la estrategia de cómo estar bien y luego en la táctica de cómo conseguirlo. Estrategia y táctica: eso suena a entrenamiento militar. En esencia, estamos en guerra con el mundo.

La mente personal ha asumido la tarea de conseguir que el mundo que se despliega ante ti sea como tú quieres. Eso debería hacer saltar las alarmas, porque ya hemos explicado en detalle de dónde proviene el mundo que tienes delante, y no tiene nada que ver con lo que sucede dentro de tu cabeza. El momento que tienes delante es el resultado de todas las fuerzas naturales que han provocado que sea como es. El sistema de preferencias de tu mente es el resultado de las experiencias pasadas que no pudiste manejar. Se trata de dos conjuntos de fuerzas totalmente distintas que no tienen nada que ver entre sí. Por ejemplo, en este momento existen fuerzas impersonales que están haciendo que llueva y, por otro lado, también están en juego otras fuerzas personales del pasado que hacen que no te guste la lluvia. Te has enfrentado al universo y tienes todas las de perder. Sin embargo, la mente personal cree que tiene razón. En realidad, tú piensas que el universo debe ser como tú quieres que sea.

PARTE IV

Los pensamientos y los sueños

16
La mente abstracta

AFORTUNADAMENTE, TU MENTE POSEE una capa que está más allá de las capas de la mente personal. Se la ha llamado la mente impersonal, la mente abstracta o incluso la mente puramente intelectual. Esta capa no se distrae con la conmoción interna causada por tus samskaras. Es libre de elevarse sin obstáculos hacia el brillo puro y la creatividad de una expresión superior de la mente.

Esta capa superior de la mente, que llamaremos *capa abstracta*, es la que te permite fabricar naves espaciales, desarrollar el aire acondicionado y descubrir la existencia de los átomos. La mente abstracta es lo que realmente hace grandes a los humanos. No estás limitado a experimentar solo a través de los sentidos; eres libre de explorar la esfera de la mente intelectual pura. Tu mente puede llevarte prácticamente a cualquier parte. ¿Quieres construir astromóviles que lleguen hasta a Marte y que te permitan explorar ese planeta en Internet? Maravilloso, puedes hacerlo porque tu mente es capaz de expandirse más allá del límite de los sentidos y de los pensamientos personales. La mente puede funcionar a muchos niveles: la cuestión es qué haces con ella.

Tienes la capacidad intelectual de tomar imágenes del exterior y hacer cosas creativas con ellas. Eres libre de emplear el poder de la mente para ser abstracto en el ámbito artístico y lógico en el ámbito intelectual. Un ejemplo perfecto de esto último serían los experimentos mentales de Einstein. Este científico ideó muchas de sus mejores teorías sentado en su sillón y razonando conceptos sumamente abstractos. Esto constituye un gran tributo al poder de nuestras mentes. No tiene nada que ver con perderte en tus pensamientos personales y hacer de estos pensamientos sobre ti mismo el sentido total de tu vida. Una vez que creas pensamientos sobre lo que quieres, lo que no quieres, y la forma de forzar que el mundo sea de ese modo, nunca estarás bien por dentro. Perderás una buena parte del gran poder del pensamiento abstracto, ya que no podrás abstraerte de ti mismo. La vida se convertirá en una batalla entre la realidad y tus preferencias mentales. Este uso de la mente se denomina mente personal, debido a que todos sus pensamientos tratan sobre ti, así como sobre tus conceptos, tus puntos de vista y tus preferencias.

Las enseñanzas de la atención plena, que centran la conciencia en el momento presente, te impulsan a centrarte en algo distinto de la mente personal. Centrarse en el momento presente es una forma de apartar la conciencia de su incesante adicción a lo personal. Otra forma de trascender la mente personal es emplear la mente abstracta para crear y hacer cosas que no sean de naturaleza personal. Por ejemplo, un ingeniero que resuelve problemas mediante la razón o un investigador médico que estudia enfermedades y sus métodos de curación. El arte, la informática y las matemáticas son ejemplos de bellos usos de la mente impersonal. La mente es fantástica, solo que su función no es almacenar todas tus preferencias personales y luego pensar que el mundo entero debe adaptarse a eso que has acumulado.

El mundo externo no va a ajustarse mágicamente a todo lo que has almacenado en tu mente. De hecho, no es muy inteligente esperar que lo haga. ¿De verdad merece la pena dedicarte a luchar con la vida para que se alinee con tus experiencias buenas y malas del pasado? ¿Cómo vas a disfrutar si siempre estás preocupado y esforzándote para salirte con la tuya? Eso es lo que hacen todas nuestras sociedades, y también a lo que casi todos los seres humanos se han dedicado. La gente no ha evolucionado lo suficiente como para aprender a obrar de otro modo. Los ricos, los pobres, los enfermos, los sanos, los casados, los solteros..., todos están atados de la misma manera. Si consiguen lo que quieren, están relativamente bien y si no consiguen lo que quieren, sufren en mayor o menor medida. Por suerte, no hay que vivir de esa manera. Existe una forma mucho más elevada de vivir la vida. Eso sí: requiere que modifiques el modo en que interactúas con tu mente y con la vida que se despliega ante ti.

Para entender esta transformación, veamos primero cómo decidiste lo que quieres y lo que no quieres. Si prestas atención, verás que tus experiencias pasadas determinan tus preferencias. No te las has sacado de la manga: tus puntos de vista, opiniones y preferencias se crearon a partir de datos de tu pasado. Por ejemplo, digamos que estás totalmente seguro de tu relación amorosa hasta que te enteras de que unos amigos han roto su relación y se sienten fatal. De repente, empiezas a preocuparte por tu propia relación. Estabas bien antes de enterarte de la situación de tus amigos, pero ahora no lo estás. Has almacenado el concepto de ruptura en tu mente, aunque realmente no tenía nada que ver contigo. Te lo has tomado como algo personal.

¿Es posible procesar la información sin que se atasque en tu mente? Por supuesto que sí. Tus amigos tenían un problema y lo compartieron contigo. Llegó a tu mente, pasó a través de tu conciencia y experimentaste un sentimiento de compasión. En realidad, esa interacción te convirtió en alguien mejor. Fuiste capaz de absorber completamente la realidad de la vida sin que se quedara atascada en tu mente. Si quieres recordarlo más tarde, puedes rememorarlo en todo su esplendor. Pero no será un recuerdo que vuelva a surgir por sí solo. Dado que no se quedó bloqueado en la mente consciente, ni se relegó al subconsciente, no afectará negativamente a tu vida. De hecho, te hizo mejor persona porque fuiste capaz de gestionar la experiencia.

Por otro lado, si no fuiste capaz de procesar la experiencia sin resistirte a ella, se quedará atascada en la mente consciente y causará estragos. Si de verdad te resistes a ella, será empujada al subconsciente, donde se enconará y extenderá su perturbación por toda la mente. En cualquiera de los casos, estarás almacenando en tu mente aquello que temes. Si haces esto, tendrás miedo de tus propios pensamientos. ¿Cómo no vas a tenerlo? Has creado una colección de pensamientos desagradables en tu mente que van a seguir apareciendo. Ahora, para poder vivir ahí, debes usar el aspecto analítico de la mente con el fin de averiguar lo que tiene que suceder externamente para que tú estés bien. De ahí vienen las preferencias. No son más que intentos de utilizar los sucesos externos para resolver el hecho de que no estás bien por dentro. Esto da como resultado la práctica constante de juzgar todo lo que acontece según tus deseos.

Es fácil ver por qué la gente no se pone de acuerdo. Nadie más ha tenido las experiencias que tú has vivido. Lo que retienes dentro de tu mente es completamente diferente de lo que acumulan otras personas. No puede ser de otra manera porque los datos de tu mente provienen de las experiencias que tú has tenido. Nadie más vivió esas experiencias, ni siquiera personas cercanas como tu cónyuge, tus hijos o tus amigos. No solo tus experiencias pasadas fueron diferentes, sino que las procesaste de forma distinta. Podemos forzarnos a adaptarnos a otros modos de pensar para ser aceptados, pero eso solo hace que vivir en nuestro interior sea aún más complicado. Además de tener una forma de pensar por defecto que es consecuencia de tus impresiones pasadas, debes reprimir algunas partes de esa carga para ajustarla a la mentalidad del «grupo». ¡No es de extrañar que todo esté embarullado ahí dentro!

Conservas todo ese material personal dentro de tu mente: lo bueno, lo malo y lo feo. El resultado inevitable es que, si el momento que tienes delante se alinea bien con tus patrones almacenados, te sientes muy bien. Experimentas apertura, emoción y entusiasmo, pero si no se alinea con tus patrones almacenados, sientes malestar. Te cierras de inmediato, te pones a la defensiva e incluso te deprimes. Volvemos a la pregunta que formulamos anteriormente: «¿Cómo se vive ahí dentro?». A veces resulta agradable, a veces no. A veces es el cielo, a veces el infierno. Pero no porque Dios lo haya hecho así, sino porque tú lo has hecho así. Se te concedió libre albedrío y lo que hiciste con tu libre albedrío fue echar a perder tu mente. En lugar de asombrarte de que el momento que tienes delante exista, luchas con él para que se ajuste a tus preferencias.

17
Servir a la mente o arreglarla

TODAS TUS PREFERENCIAS EXISTEN debido a que almacenaste experiencias del pasado en tu mente personal. Esto hace que sea difícil vivir ahí dentro, pero en lugar de solucionar el problema, te obstinas y tratas de satisfacer tus deseos. «Quiero sentirme bien, y la forma de conseguirlo es tener la casa de mis sueños» o «la forma de sentirme bien es adquiriendo el coche que siempre he querido» o «la forma de sentirme bien es iniciar una nueva relación porque estoy descontento con la actual». Estos intentos de compensar tus bloqueos son, en el mejor de los casos, de corta duración porque en realidad no te estás deshaciendo de esa carga.

Nuestra elección fundamental radica en controlar constantemente la vida para compensar nuestros bloqueos o dedicar nuestra vida a deshacernos de esos bloqueos. La cuestión es que hemos almacenado estos samskaras en nuestro interior. No deberíamos haberlo hecho, pero lo hicimos. Ahora, en lugar de deshacernos de ellos, esperamos que el mundo se adapte a ellos. Sabemos que esto no va a suceder por sí solo, así que usamos la capa de pensamientos personales de la mente y analizamos cómo tiene que ser el mundo para que se ajuste a nuestros deseos. Somos brillantes a la hora de averiguar cómo hacer que alguien se sienta atraído por nosotros, o de cambiar las cosas para que se adapten mejor a nuestras limitaciones. Casi todo lo que hacemos se rige por esta capa mental de pensamiento personal. Se trata del mismo poder analítico de la mente que empleó Einstein para formular que $E = mc^2$, pero tú lo usas para saber qué hacer si alguien habla mal de ti. Esta capa de la mente intelectualiza y analiza tus patrones almacenados tratando de averiguar cómo tiene que ser el mundo para sentirte bien en tu interacción con él y evitar sentirte mal.

Por eso sueles tener tantos problemas para tomar decisiones. Intentas descubrir cómo te hará sentir cada elección: «¿Dónde quiero vivir? ¿Debo cambiar de trabajo? Tengo que saberlo». Estás tratando de examinar mentalmente cómo la acción propuesta se ajustará a los patrones que has almacenado en tu interior. Ni siquiera lo piensas dos veces. «Claro que voy a hacerlo. ¿Qué otra cosa iba a hacer?». ¿Qué tal vivir la realidad y disfrutar de los momentos que se despliegan ante ti? También tienes esta opción. Emplea tu mente para ser creativo, inspirador y hacer grandes cosas. No dejes que la mente esté siempre pensando en sí misma y en lo que quiere. Aprende a disfrutar de la vida tal como es, en lugar de limitar las formas de disfrutarla por estar al servicio de tus impresiones pasadas.

Esta capa mental egocéntrica y analítica es la peor. Es el modelo que construyes acerca de cómo tienen que ser todos y todo para sentirte bien, incluyendo el tiempo que hará mañana: «Más vale que mañana no llueva, me voy de acampada». ¡Te enfadas a causa del tiempo! No tienes ningún control sobre este aspecto y, sin embargo, te molesta. No solo sucede con el tiempo. La persona que tienes delante conduce mucho más despacio de lo que marca el límite de velocidad. Observemos tu mente: «Esto es ridículo. No tengo tiempo para esta lentitud. ¿Qué le pasa? Se cree que está en el carril lento». Resulta que el problema no es cómo esa persona está conduciendo. El problema es lo que tu mente está haciendo con relación a cómo conduce ese conductor. Al final te das cuenta de que has desarrollado un modelo racional de cómo tiene que ser cada cosa: cómo debe comportarse la gente, cómo debe ir vestida tu pareja cuando salís juntos, incluso la cantidad de tráfico que debe haber en las calles. ¿Con qué aspectos de la vida haces esto? Prácticamente con todo. Te crees de verdad que así es como debería ser. Pero es absurdo. No hay forma de que eso que has creado en tu mente basándote en tus limitadas experiencias pasadas tenga algo que ver con lo que se supone que está sucediendo en el mundo real.

Piénsalo un momento. Tus expectativas acerca del tiempo no tienen nada que ver con el tiempo que va a hacer en la vida real. El tiempo tiene que ver con la meteorología, no con tus preferencias. Si de verdad quieres saber por qué tenía que llover en tu día libre, investiga el tema de forma científica. Una persona sabia se da cuenta de que el mundo no va a desplegarse según sus deseos, porque se supone que no debe hacerlo. No hay dos personas que estén de acuerdo en cómo debe desarrollarse, y sin embargo solo hay un mundo ahí fuera. Es mejor que dejemos la realidad a la ciencia o a Dios, no a las preferencias individuales de cada uno. El mundo que tienes delante tiene el poder de la realidad que subyace en él. Se manifiesta de acuerdo con las influencias que lo hicieron ser como es, y hay miles de millones de factores que se remontan a miles de millones de años. Por el contrario, tú te imaginas cómo se supone que debe ser según las impresiones del pasado que conservas en tu interior. Cuando la realidad no es como tú quieres, afirmas que está equivocada: «Eso no me ha gustado. No debería haber ocurrido».

He aquí una técnica para adquirir perspectiva. Imagina el espacio exterior y date cuenta de que no hay nada ahí fuera, sino un 99,999 por ciento de vacío. Solo hay espacio vacío entre las estrellas. La estrella más cercana después del Sol está a 4,2 años luz. Para hacerte una idea de lo lejos que está, imagina que sostienes un rayo de luz que se encuentra sobre la Tierra. Ahora, suéltalo durante un segundo. En ese segundo, la luz circunnavega el globo siete veces y media. Si viajas a esa velocidad por segundo durante 4,2 años llegarás a la siguiente estrella. No hay prácticamente nada más que espacio vacío en el medio. Lo llamamos espacio interestelar. Así sucede con todas las estrellas de todo el universo. ¿Te gustaría estar ahí fuera y no ver nada? Porque eso es lo que es el 99,999 por ciento del universo. Lo que tienes cada día es un milagro. Hay colores, formas y sonidos junto con todas las experiencias asombrosas que se te ofrecen a cada momento. Sin embargo, lo único que haces es decir: «No, eso no es lo que quiero». Claro que no es lo que quieres. Esa no es la cuestión. En lugar de comparar el momento que tienes delante con las preferencias que has construido en tu mente, ¿por qué no lo comparas con nada? Ya que eso es lo que constituye el 99,999 por ciento del universo.

Si lo haces, sentirás agradecimiento por poder vivir tus experiencias diarias. Sin duda, son mejores que el espacio vacío. Así es como vive una persona sabia. La alternativa es sufrir porque las cosas no son como tú quieres. Anteriormente mencionamos la primera noble verdad del budismo: *toda la vida es sufrimiento*. Ahora llegamos a la segunda noble verdad: *la causa del sufrimiento es el deseo*. En otras palabras, la causa del sufrimiento son las preferencias, decidir cómo quieres que sean las cosas y enfadarte cuando no cumplen tus expectativas. No es de extrañar que Buda tuviera razón. Los sucesos no causan sufrimiento mental o emocional, sino que tú mismo te causas sufrimiento mental y emocional en torno a ellos. Cuando no haces esto, las cosas son como son. Recuerda siempre que se necesitaron 13 800 millones de años para que todo se desarrollara exactamente como lo hizo de modo que el momento que tienes delante fuera como es.

Un ejemplo perfecto de la forma en que nos causamos sufrimiento mental es la visión que tenemos de nuestro cuerpo. Cuando eres joven, tienes un determinado aspecto que cambia cuando envejeces. ¿Qué hay de malo en ello? Observar cómo tu cuerpo cambia por sí mismo es sencillamente milagroso. Se trata de un proceso natural que no debería producir sufrimiento. Del mismo modo, en esta vida pasas por múltiples experiencias que no deberían generar sufrimiento. Las experiencias no son sufrimiento. Son experiencias. Pero si decides cómo quieres que sean y no son de ese modo, entonces sufres. *El sufrimiento es causado por la diferencia entre lo que decidiste mentalmente que querías y la realidad que se despliega ante ti.* En la medida en que no coinciden, sufres.

Lo que estamos explorando aquí es más profundo de lo que la mayoría de la gente está dispuesta a ver, pero es la verdad. Has instaurado en tu mente unas nociones sobre lo que te gusta y lo que no te gusta basándote en tus impresiones pasadas. Ahora crees honestamente que el mundo debería ser de ese modo. Es obvio que no es una creencia basada en la realidad. Mientras hagas eso, tu vida será complicada.

Ahora tenemos una perspectiva bastante clara de la mente personal. Hemos visto que la primera capa de la mente es la que recibe las impresiones sensoriales. La segunda capa es la de samskaras, las impresiones que retenemos durante el fluir de la vida. Sobre esta base construimos patrones de pensamiento muy personales de agrado y aversión, e ideamos el modo de conseguir que la vida se desarrolle de la manera que queremos. Estas impresiones de lo que nos gusta y lo que no nos gusta son tan poderosas que nuestra conciencia queda absorbida completamente en el modelo de vida que generan. De hecho, nos centramos tanto en él que es lo que forma nuestro autoconcepto. «Yo soy ese a quien le gusta esto, no le gusta aquello, y me tomo muy en serio lo que quiero». Nos hallamos tan distraídos con este modelo que ni siquiera somos conscientes de que estamos un paso atrás de todo ello, observando. Pero en realidad lo estamos; de lo contrario, ¿cómo íbamos a saber lo que está sucediendo?

18

Pensamientos intencionados y automáticos

Estás ahí dentro y tienes la capacidad de crear pensamientos. Ahora mismo di: «Hola» internamente. Dilo una y otra vez. Lo está haciendo, ¿verdad? Si no hubieras pensado esa palabra a propósito, no estaría en tu mente. Está claro que tienes la capacidad de hacer que tu mente genere pensamientos de forma expresa. En general, hay dos tipos de pensamientos muy distintos: los intencionados y los automáticos. El primero que exploraremos, como su nombre indica, es un pensamiento que creas deliberadamente.

Puedes producir pensamientos intencionados de dos maneras diferentes: creando pensamientos auditivos a través de la voz que habla dentro de tu cabeza y te dice: «Hola», o bien mediante la imaginación. Por ejemplo, ahora mismo, visualiza una nave. ¿La ves en tu mente? Ahora visualiza una nave mayor y otra aún más grande. Visualiza el transatlántico Queen Mary. Ese barco no estaría ahí a menos que tú lo hayas querido. Una vez más, vemos que claramente posees la capacidad de hacer que tu mente cree pensamientos.

Pero existe otra categoría de pensamientos además de los que generas voluntariamente: los pensamientos automáticos. Se trata de los pensamientos que no has decidido crear a propósito y que aparecen en tu mente por sí solos. Puede que les prestes atención una vez que están ahí, pero no decidiste crearlos como hiciste con el barco. La gran mayoría de los pensamientos surgen de forma automática. Estás conduciendo por la calle disfrutando del día y de pronto tu mente se pone a dar vueltas: «¿Por qué le habré dicho todo eso? Si me hubiera callado, tal vez podríamos seguir juntos. No, no, eso es bastante improbable, ya arrastrábamos problemas de antes». Tú no estás haciendo que tu mente produzca esos pensamientos. La voz dentro de tu cabeza está hablando por sí misma. Si dudas de que esto esté sucediendo por su cuenta, trata de que se detenga durante un tiempo. La corriente de pensamientos volverá en un abrir y cerrar de ojos.

Digamos que alguien tenía que llamarte a las tres, pero ya han dado las tres y media, y todavía no has recibido su llamada. ¿Qué ocurre durante esos treinta minutos? Tu mente crea pensamientos por sí misma. No estás decidiendo adrede: «Quiero preocuparme por esto. Bien, mente, empieza a generar pensamientos inquietantes. ¿Habrá tenido un accidente o me está dejando plantado?». No estás haciendo eso. Tu mente actúa por su cuenta. Ni siquiera son pensamientos significativos, más bien se trata de pensamientos destructivos que están estropeando esos treinta minutos. La cuestión es: si vas a terminar esperando treinta minutos a que esa persona te llame, ¿por qué quieres causarte tanta inquietud? Bueno, técnicamente, tú no la estás causando. Tu mente lo está haciendo por ti.

Si prestas atención, verás que la mente produce la mayoría de los pensamientos por sí misma. Los crea todo el tiempo. Obsérvate en la ducha. Obsérvate cuando conduces.

Obsérvate siempre que te tomes un descanso en el trabajo.
Verás que la mente está generando pensamientos constantemente. Incluso cuando alguien te habla, aunque sus palabras
te lleguen a través de los sentidos, no las escuchas totalmente,
ya que también estás pendiente de la reacción de tu mente
a lo que se dice. Estás pensando: «No estoy de acuerdo con
eso. Yo nunca lo haría así». Tu mente hace que todo gire en
torno a ti, en lugar de en lo que tu interlocutor está expresando. Si observas esos pensamientos generados automática-
mente, verás que pueden ser desde divertidos hasta aterra-
dores. Sin embargo, ¿de verdad es inteligente tener todo ese
ruido dentro de tu cabeza todo el tiempo? Si te tomas la
molestia de prestarle atención, descubrirás que no lo es.

¿De dónde vienen esos pensamientos? ¿Por qué la mente
crea pensamientos por sí misma sin tu intervención? En realidad, ya hemos explorado esto. Cuando almacenas un samskara, un patrón mental y emocional que quedó inconcluso, esa
energía no permanece en quietud dentro de ti. Aquello que
permanece almacenado en tu mente, ya sea a causa de la resistencia o el aferramiento, está tratando de liberarse. Es una
realidad energética, como las leyes del movimiento de New-
ton. La energía no puede permanecer ahí a menos que ejerzas
una fuerza de voluntad opuesta de forma constante para
mantenerla ahí. Por eso vuelve a surgir. Tu madre te regañó
hace veinticinco años y te sentiste dolido. Ahora, de repente,
alguien menciona la reprimenda de su madre, y ese bloqueo
emocional y mental generado por una situación similar surge
en tu interior. ¿Por qué? La energía bloqueada está tratando
de aflorar cada milésima de segundo. Al igual que en un río al
que se ha puesto un dique, ese bloqueo está tratando de liberar su energía reprimida. Esta no se siente cómoda ahí dentro,
de modo que tienes que aplicar tu fuerza de voluntad cons-

tantemente para retenerla. ¿Cuánta energía estás desperdiciando manteniendo ese lastre interno?

Así como el cuerpo siempre tiene en marcha mecanismos de expulsión de toxinas, la mente intenta purgar estas impurezas mentales. Eso es lo que está sucediendo cuando tu mente produce sus propios pensamientos. Unas veces serás capaz de rastrear esos pensamientos hasta su origen y otras veces no te resultará tan sencillo. Lo importante es darse cuenta de que siempre hay una razón por la que tu mente crea un pensamiento en lugar de otro.

Volvamos al ejemplo de la demora en la llamada telefónica que esperas. Tu mente podría empezar a generar pensamientos inquietantes sobre lo que has podido hacer para ofender a esa persona hasta el punto de no llamarte. Pero eso no es lo importante. La cuestión relevante es: ¿por qué se te ha ocurrido esa posible razón frente a cualquier otra? Resulta que, cuando tenías diez años, alguien te dijo una vez: «Tienes razón, no te llamé a propósito porque no me gustó lo que hiciste». Ahora, varios años después, cuando alguien no te telefonea, ese recuerdo vuelve a surgir en tu mente. Pero ¿y si en lugar de eso hubieras tenido la experiencia de que alguien no te llamó en el pasado porque quería sorprenderte y darte un regalo especial en persona? Ahora, en esa misma situación te sentirías ilusionado por lo que podría suceder después. Estas impresiones se quedan dentro de ti. Intentarán liberar continuamente la energía reprimida y acabarán determinando los pensamientos que tu mente crea por sí misma. Esta es la naturaleza de casi todos tus pensamientos automáticos. No debes verlos como una verdad importante o una gran visión de lo que realmente está ocurriendo. Son producto del esfuerzo constante que tu mente hace al tratar de purgar los patrones allí almacenados.

19
Los sueños y el subconsciente

PARA COMPRENDER MEJOR CÓMO se liberan las energías mentales almacenadas, recurramos a un tema favorito de la psicología: los sueños. ¿Qué son los sueños? El concepto tradicional freudiano de los sueños es que algunos sucesos externos que han quedado inconclusos dejan impresiones en la mente. Por ejemplo, un niño que quería una bicicleta y no ha conseguido su objetivo, durante la noche sueña que tiene una. El suceso original de la bicicleta no le resultó grato, así que el niño lo apartó mentalmente. Lo reprimió. Durante el sueño, al no controlar tanto sus pensamientos, la mente liberó lo que no había podido expresar mientras el niño estaba despierto. Todos experimentamos este tipo de sueños con bastante regularidad. Un suceso con carga emocional procedente del mundo de la vigilia se abre paso en nuestro mundo onírico. No es algo que hagas a propósito: es la mente la que trata de liberar los patrones energéticos acumulados.

Existen todo tipo de sueños. Freud llamó al sueño del que hemos hablado *cumplimiento de deseos* básico. Se trata de un samskara que se forma en la mente despierta y que libera su energía creando los pensamientos que observas mientras estás dormido. Estos pensamientos que conforman tus sueños no son tan diferentes de los pensamientos automáticos que se producen en tu mente despierta. Ciertamente son mucho más vívidos, especialmente en las imágenes. Esto se debe a que, cuando duermes, la mente puede concentrarse completamente en la creación de pensamientos. No está ocupada distrayéndose por los sentidos o por las muchas otras capas de pensamientos y emociones que están activas. Además, no estás apartando los pensamientos intencionadamente. Por eso la mente es mucho más creativa durante el sueño. Puede crear todo un mundo complejo en 3D y en Technicolor. La mayoría de la gente no es capaz de hacer esto cuando está despierta, aunque obviamente, sus mentes están capacitadas para ello.

Una vez que dejes de reprimir las experiencias incómodas, te darás cuenta de que realmente no hay una mente subconsciente en sí. La mente consciente y la mente subconsciente son en realidad la misma mente, y la única razón por la que vemos una diferencia entre ellas es que hemos creado una división de forma artificial. Para entender esto, imagina que miras alrededor de una sala llena de gente y dices: «Las personas del lado derecho de la sala me gustan; me siento cómodo con ellas. Pero las del lado izquierdo no me gustan, no me siento nada cómodo con ellas». Una vez dicho esto, imagina que no vuelves a mirar al lado izquierdo de la habitación porque te hace sentir incómodo. Lo que acabas de hacer es separar la habitación en dos partes: aquella con la que te sientes cómodo y aquella con la que no quieres tener nada que ver. Aunque esta última parte existe, para ti es como si no estuviera. Eso es exactamente lo que has hecho al crear la mente subconsciente. La parte de tu mente que no estás dispuesto a mirar es lo que llamamos el subconsciente.

Afortunadamente, estas partes de tu mente divididas artificialmente se fusionarán cuando dejes de reprimir lo que no te agrada. Recuperarás el resto de tu mente y podrás utilizar toda su potencia. Imagina cuánto poder mental desperdicias al empujar todo ese barullo al subconsciente. Luego tienes que mantenerlo ahí abajo durante el resto de tu vida. Es realmente asombroso el embrollo que creamos por no ser capaces de manejar los momentos que pasan delante de nosotros.

Los pensamientos que relegamos al subconsciente desempeñan un papel tanto en el estado de vigilia como en el de sueño. La razón por la que tu mente produce pensamientos automáticos durante el sueño es la misma por la que genera pensamientos automáticos durante la vigilia. En ambos casos, no estás creando deliberadamente esta actividad mental. Está sucediendo como parte del intento de la mente de liberar las energías bloqueadas.

El hilo conductor entre tus estados de vigilia y de sueño es que es la misma conciencia la que se da cuenta de ambos. El tú que observa el sueño es el mismo tú que observa los pensamientos de vigilia y experimenta el mundo externo. Por eso, cuando te despiertas, puedes decir: «¡Qué sueño he tenido!». ¿Cómo lo sabes? Lo sabes porque tú estabas allí: el mismo tú que es consciente mientras estás despierto. Curiosamente, dado que es el mismo tú en ambos casos, puede producirse un gran desarrollo espiritual en ese ámbito onírico. Meher Baba, otro gran maestro de yoga, dijo que se puede trabajar con el karma durante los sueños y que pasar por experiencias mientras estás soñando es realmente beneficioso para la evolución espiritual. Al menos, permites que se libere alguna energía bloqueada que no dejabas salir mientras estabas despierto, y eso resulta saludable.

Podemos aprender enormemente sobre nosotros mismos a partir del estado de sueño. Si lo que has almacenado en el subconsciente ha sido más traumático que el simple hecho de que no te haya gustado lo que ha sucedido o no hayas conseguido lo que querías, ¿qué ocurre? Algunas cuestiones son mucho más difíciles de tratar que las simples preferencias. Hay samskaras que son tan profundos que ni siquiera pueden aflorar durante el sueño. Si intentaran liberarse, te despertarías de una pesadilla en un estado muy alterado. En otras palabras, tu conciencia no es capaz de experimentar el suceso incluso cuando se manifiesta en un sueño. Te resistes y te sientes tan incómodo que te despiertas. Entonces, ¿cómo se libera esa energía?

La energía del pasado que permanece almacenada en tu mente siempre está intentando liberarse a un nivel u otro. Para permitir la liberación de un hecho traumático que resulta demasiado doloroso incluso en el sueño, la mente simboliza lo que trata de expresar. En lugar de soñar con el accidente de coche que acabó con la vida de tu hermano pequeño, sueñas con pájaros que están volando en lo alto y con un águila que se abalanza sobre ellos y logra atrapar a una de las aves. Estás dispuesto a ver eso, pero no a contemplar un accidente de coche en el que perece un ser querido. Todo esto es muy real. Tu mente te está haciendo un favor. Tu mente maravillosa intenta mantenerse sana y liberar al menos una parte de la energía reprimida. De eso trata la simbología de los sueños. Es realmente sorprendente lo brillante que es tu mente cuando no interfieres en ella. Así como tu cuerpo trata de curarse a sí mismo, tu mente intenta liberar por todos los medios esas impurezas que se han quedado atascadas en ella.

20
Los sueños de vigilia

LEGADOS A ESTE PUNTO, seguro que te haces una idea del inmenso poder de tu mente, especialmente en lo que respecta a la formación de sueños. Pero como has visto, los sueños no son los únicos objetos mentales que tu mente fabrica de forma automática. La voz dentro de tu cabeza que parlotea durante todo el día tiene su origen en el mismo poder expresivo de la mente que crea los sueños. No sería incorrecto llamar a ese diálogo mental incesante los *sueños de vigilia*. Las cuestiones personales reflejadas en esa voz se deben a los samskaras que tienes almacenados en tu interior. Tu mente trata de liberar esos bloqueos durante el día mientras estás despierto. Por ejemplo, ves a alguien corriendo y esa voz interna dice: «Me pregunto qué habrá hecho ese tipo. Me recuerda a la huida de mi hermano. ¿De qué estará escapando?». El problema es que esta situación actual no tiene nada que ver con tu hermano, y esta persona podría estar corriendo para hacer ejercicio. Tu mente está aprovechando esta oportunidad para liberar energías que están reprimidas en tu interior. Por eso gran parte del diálogo de la mente es negativo. La gran mayoría de la energía que has

almacenado se debe a cosas que no te han gustado. Cuando
otros hechos posteriores estimulan estos samskaras negativos, los nuevos acontecimientos se experimentan automáti-
camente como negativos. En esencia, la negatividad se va
acumulando.

Si realmente quieres ver cómo tus preferencias consiguen hacer de la vida una experiencia negativa, construye
una casa y decide pintar las paredes de la cocina de blanco.
¿Sabías que hay más de cincuenta tonos de blanco? Ya verás
cuando intentes elegir qué tonalidad de blanco quieres: solo
habrá un pequeño abanico de posibilidades que se alineará
con tus preferencias y te hará feliz. Todo lo demás te disgus-
tará. Fíjate en las dificultades a las que te enfrentas. Hay
miles de millones de cosas que pueden suceder en la vida
que no coinciden con tus preferencias, y solo hay unas pocas que lo hacen. En estas condiciones, la probabilidad de
que la vida sea una experiencia negativa es extremadamente
alta. Esto no se debe a que la vida sea negativa, sino a que lo
único que no es negativo para ti es aquello que se ajusta
exactamente a tus preferencias.

Es muy importante entender esto. Has instaurado un
sistema en que no puedes ganar. Has ampliado todo aquello
que puede molestarte hasta incluir todas las experiencias que
te recuerden la situación original que te causó incomodidad.
Es más, la vida casi nunca te satisface plenamente porque
todo tiene que ser exactamente tal como quieres hasta el
más mínimo detalle. Esto te muestra el poder de las preferencias pasadas y presentes. Cuantas más preferencias tengas, peor te sentirás.

A lo largo de estas páginas hemos aprendido mucho sobre la mente. Comenzamos con una exploración de la mente vacía. Luego examinamos la capa del aquí y ahora de la

mente, que reproduce internamente las imágenes que reciben los sentidos. Encima de esa capa de la mente, comienza el verdadero problema. Tú, esa entidad consciente que sabe que está ahí dentro, empleaste la fuerza de voluntad para evitar que ciertas imágenes pasaran de largo. Esto dio lugar a la capa de samskaras de la mente. Contiene las impresiones del pasado que almacenaste y que son la base de tus preferencias personales. Como si no fuera bastante haber construido esa estructura mental, también has dedicado tu vida a pensar en cómo prestarle servicio. Tu conciencia está bastante perdida y se centra constantemente en ese falso concepto mental del yo.

Afortunadamente, hay una salida: se llama la *conciencia del testigo*. Si aprendes a relajarte y simplemente observar esa voz dentro de tu cabeza, puedes liberarte. No se trata de acallarla. No luches nunca contra tu mente. Tú eres el responsable de que esto suceda en tu mente, ¿cómo te atreves a quejarte de ella? Si consumes alimentos que te enferman, ¿regañas a la comida? Por supuesto que no: cambias tus hábitos alimenticios. Del mismo modo, ya que estos samskaras almacenados están arruinando la grandeza de tu mente, has de modificar tu conducta interior. La forma de hacerlo es bien sencilla: liberar los samskaras que ya has acumulado y no almacenar otros nuevos. Es más fácil decirlo que hacerlo, pero ciertamente estudiaremos cómo llevarlo a cabo.

Hay algo que complica nuestra tarea. La mente no es la única fuerza que dificulta encontrar la paz interior: también están las emociones. Por si no fuera suficiente con que la mente esté constantemente liberando energía almacenada a través de esa voz interna, tiene además una hermana pequeña: el corazón, que puede crear emociones que hacen que vivir ahí dentro sea una experiencia realmente interesante.

Unas veces tu estado interno es como la explosión de un volcán y otras veces es tan hermoso que solo deseas fundirte en él. ¿Qué está sucediendo? Y lo que es más importante, ¿qué puedes hacer al respecto? Como supondrás, ahí es donde vamos a continuar nuestro viaje de exploración de lo que es vivir dentro de uno mismo.

PARTE V

El corazón

21
Comprender las emociones

EXAMINAR LA NATURALEZA DEL MUNDO que nos rodea y de la mente nos enseña mucho sobre nosotros mismos. Queda bastante claro que no siempre resulta fácil vivir ahí dentro. Los pensamientos creados por la mente pueden ser sumamente desagradables, y el mundo externo que te llega a través de los sentidos puede generarte una gran agitación interna. Además de todo esto, hay algo más que experimentamos dentro de nosotros que puede resultar incluso más perturbador que los pensamientos: las emociones.

Las emociones son muy diferentes de los pensamientos, pero la mayoría de la gente no se toma la molestia de separarlos. La combinación de tus pensamientos y tus emociones constituye lo que puede llamarse la *psique* o yo personal. La psique es completamente distinta del cuerpo físico. Se trata del mundo no físico que se encuentra en tu interior.

Es fundamental distinguir claramente los pensamientos de las emociones. Si te pidieran que señalaras tus pensamientos, no apuntarías a los dedos de los pies, sino a la zona de alrededor de la cabeza. Esto se debe a que los pensamientos se generan en la mente, que está relacionada con el cerebro. Por otro lado, si se te pidiera que señalaras de dónde provienen emociones como el amor, indicarías el corazón. Por eso las tarjetas de San Valentín tienen corazones y no dedos de los pies: asociamos la emoción del amor con el corazón. Esto es comprensible porque las emociones son generadas por el corazón. No solo las emociones agradables, sino todas las emociones. Si algo te hiere o te produce celos, sientes ese dolor o agitación en el corazón. Si te sientes inspirado por tu trabajo, puedes poner todo tu corazón en ese proyecto. No nos referimos al corazón físico, sino al corazón espiritual o corazón energético del que pronto hablaremos en profundidad.

Las emociones no son físicas. Puedes estar al lado de alguien que esté experimentando alegría o tristeza sin que el estado emocional de esa persona sea necesariamente evidente. Las emociones no son algo que se ve, sino algo que se siente. De hecho, las palabras «emociones» y «sentimientos» son intercambiables. Si bien experimentas tanto pensamientos como sentimientos en tu interior, las emociones son completamente distintas de los pensamientos

Analicemos esta diferencia. Como hemos explorado previamente, la mente crea pensamientos y te los presenta de dos maneras diferentes. Una es verbalmente a través de esa voz dentro de tu cabeza y la otra es visualmente en la imaginación. Tu corazón se comunica de manera muy distinta. Las emociones no te hablan verbalmente. No son simplemente una voz dentro de tu cabeza que dice: «Me siento muy celoso». La voz dice eso porque tú te *sientes* celoso. Hay un sentimiento, una sensación: eso es una emoción. Por eso usamos la palabra «sentimientos» cuando hablamos de nuestras emociones, como en la frase «Él ha herido mis sentimientos». Estas palabras denotan que tu interacción con esa persona ha generado una emoción incómoda en tu interior. Así pues, tienes pensamientos verbales o visuales en el ámbito de la mente, y también posees algo totalmente diferente que son las emociones que brotan de tu corazón. En realidad, se trata de vibraciones, pues no forman objetos específicos como los pensamientos. Son más etéricas. Las emociones son más semejantes a nubes que a objetos definidos y surgen como olas que fluyen sobre ti y salpican a lo que llamamos el *aura* o cuerpo energético. Las emociones son simplemente la sensación de experimentar un cambio en la energía. Como dijo Obi-Wan en *La guerra de las galaxias*: «Sentí una gran perturbación en la Fuerza».

Siempre tienes sentimientos internos, pero no te percatas de ellos hasta que cambian. Fíjate en que solo hablas de las emociones cuando llegan a los extremos. «Lo que hiciste me dolió muchísimo. No puedo creer que me hirieras de esta manera». O: «Sentí muchísimo amor. Fue el sentimiento más hermoso que he tenido». Estos son ejemplos de extremos emocionales que te llaman la atención. Aunque es probable que no lo notes, la energía emocional fluye por tu corazón todo el día. Cuando se desploma, percibes el cambio y dices: «Se me ha caído el corazón a los pies. He perdido la fuerza». El corazón puede venirse abajo cuando el miedo se apodera de ti. Algo que ha sucedido te produce un bajón de energía. Por el contrario, puedes decir: «Mi corazón tiene alas». De repente, la energía emocional de tu corazón se eleva y te inspira. Se trata de cambios en el estado estable de energía emocional que normalmente fluye por tu corazón. A medida que estés más y más en sintonía con tus emociones, te darás cuenta de que, al igual que los pensamientos, las emociones están casi siempre presentes.

Igual que con los pensamientos, las preguntas relevantes son ahora: ¿quién es el que siente estos cambios emocionales? ¿Cómo sabes que sientes ira? ¿Cómo sabes que sientes amor? Lo sabes porque estás ahí dentro y eres consciente de lo que está sucediendo ahí dentro. Esta claridad alberga una gran profundidad espiritual. Has estado tan preocupado por las emociones en sí mismas que no te has dado cuenta de que eres tú quien las experimenta. El objetivo de este viaje que estamos haciendo juntos no es que modifiques tus pensamientos o emociones, sino que te mantengas anclado en el lugar en el que se asienta el Ser mientras aceptas los diferentes cambios que se producen. Desde este punto de vista, las emociones se transforman, puedes notar que se modifican, pero tú no vas a ninguna parte. Tú sigues siendo ese que se da cuenta de las emociones, oye los pensamientos y ve con los ojos ¿Quién es ese que se da cuenta? En esto consiste nuestro viaje. No hay espiritualidad en ninguna otra parte que no sea el lugar donde se asienta el Ser. La espiritualidad tiene que ver con el espíritu, y el lugar donde se asienta el Ser es el espíritu.

Cuando estás asentado en la conciencia del testigo, no es necesario un acto voluntario de observar las emociones. Simplemente te das cuenta de lo que está sucediendo ahí dentro. No se requiere voluntad o esfuerzo para hacer esto. Tan solo eres consciente de que oyes o ves tus pensamientos y que sientes tus emociones. Si prestas atención, notarás que las emociones pueden ser como la sensación del viento que fluye sobre ti. Es posible que el viento sea sumamente agradable, como una suave brisa, o aterrador, como un huracán que sopla contra tu rostro. Seguramente te habrás fijado en que las emociones pueden ser de ese modo. No hace falta esforzarse para percibirlas, pero sí para manejarlas. Las emociones son vibraciones muy sensibles que brotan del corazón, y como tales pueden cambiar muy fácilmente. El corazón es mucho más sensible que la mente, y tenemos mucho menos control sobre él.

Es indudable que cuando tu corazón emite una determinada vibración energética, tu mente se activa de forma correspondiente. Es algo muy parecido a un manantial. Si te sumerges en busca del origen de un manantial, verás que de él brota un flujo de agua ascendente y, después, cuando el agua llega a la superficie se producen ondas y todo tipo de formas. La actividad en la superficie es muy diferente de la que se produce allí donde emana el agua. Pues bien, lo mismo sucede con el corazón. Tu corazón libera energía con una vibración determinada, y esa vibración asciende a tu mente de forma automática. No tienes que darte cuenta de que sientes celos y luego decidir que es mejor pensarlo. Lo que acontece en el corazón termina en la mente en forma de pensamientos. Los samskaras acumulados están tratando de liberar su energía desde el corazón, y eso hace que la mente se active. Las raíces de esos samskaras están situadas en el corazón. Ahí es donde acabaron los patrones mentales que apartaste. No se disiparon. Descendieron hasta el origen de tu flujo energético, que se encuentra en el corazón.

Son muy pocos los que entienden su corazón. Las personas muy racionales suelen mantenerlo reprimido al resultarles demasiado sensible y reactivo. Prefieren vivir en la mente, debido a que allí tienen más control. De este modo, si alguien te hiere y sientes una emoción incómoda, vas directamente a la mente y racionalizas lo sucedido: «No era su intención, no pasa nada. No te lo tomes tan a pecho». Pensarás eso en caso de querer ser positivo. De lo contrario, la mente negativa dirá: «No pienso aguantar esto. A mí nadie me habla de esa manera. ¿Quién se cree que es?». De cualquier modo, tu mente le está diciendo a tu corazón: «Está bien, yo me encargo». Estás dirigiendo tu conciencia a tu mente con el fin de no tener que sentir las emociones difíciles que surgen de tu corazón.

Fíjate en que la conciencia puede centrarse totalmente en el corazón o totalmente en la mente, pero también puede dividirse entre ambos. Cuando las emociones son sumamente agradables, puedes tener la tendencia a comportarte de forma irracional, al no desear desplazar la conciencia desde la belleza de tu corazón a la mente racional. Por otro lado, cuando las emociones son desagradables, puedes intentar modificar la experiencia interna distrayéndote con los pensamientos de lo que sucede en el corazón. *La mente se convierte en un lugar al que el alma acude para ocultarse del corazón.* Con objeto de trascender esta tendencia a esconderte en el corazón o en la mente, simplemente date cuenta de que siempre es la misma conciencia la que experimenta lo que está ocurriendo en tu interior.

22

Por qué el corazón se abre y se cierra

S I QUIERES CONOCER TU CORAZÓN, debes entender antes de nada que tú no eres tu corazón. Tú eres el experimentador de tu corazón. Eres la conciencia que se da cuenta de que surgen emociones. Cuando el amor se desborda dentro de ti, y declaras que estás enamorado, lo que realmente quieres decir es que sientes que el amor brota de tu corazón y te inunda. Flotas en el océano del amor, pero tú no eres el amor que sientes, sino el experimentador del amor que sientes. Ten en cuenta que hasta ahora no hemos considerado el papel que desempeña otra persona en la experiencia amorosa. Esto se debe a que lo que realmente ocurre cuando empiezas a sentir amor es que tu corazón se abre y de él emana un hermoso flujo de energía. Esto debería llevarte a decir: «Amo el amor», pero en su lugar dices: «Te amo». Ahí tienes la primera pista del papel que representa otra persona en tu experiencia del amor. Mientras la presencia de esa persona ayude a abrir tu corazón, sentirás amor por ella. Pero si su presencia deja de abrir tu corazón, empezarás a buscar en otra parte. Por eso las relaciones humanas son tan difíciles. Proyectamos la fuente del amor fuera, en lugar de darnos cuenta de que siempre está dentro.

El auténtico flujo del amor tiene que ver contigo y con tu corazón. No tiene que ver con nadie más. Se trata de un flujo de energía que brota de tu corazón y que experimentas en tu interior. Sin duda, ciertas personas o circunstancias pueden hacer que tu corazón se abra o se cierre. Pero la acción de abrirse o cerrarse es algo que hace tu corazón, no la otra persona. Al final de esta exploración entenderás por qué sucede esto. Por ahora, veamos lo que ocurre cuando no entendemos que el amor es una experiencia totalmente interior y proyectamos esa experiencia en otra persona.

En el momento en que proyectamos la fuente del amor fuera de nosotros mismos, todo se convierte en algo personal. Tendemos a volvernos posesivos, lo cual es algo comprensible. Queremos sentir amor y hemos proyectado la experiencia en otra persona. Para seguir sintiendo ese amor, tenemos que conservar a esa persona. Emociones tan humanas como los celos, la necesidad y la dependencia son el resultado de esto. Del mismo modo, si estamos sintiendo el flujo del amor y la persona amada hace algo que nos desagrada, nos sentimos cerrados y heridos. Estos son otros sentimientos que pueden aflorar en el corazón.

Si quieres seguir sintiendo amor, tienes que aprender a manejar las emociones que abren y cierran el corazón. Es como aprender a tocar un instrumento. Al principio, no sabes cómo hacerlo. Cometerás errores y aprenderás de la experiencia. El corazón es un instrumento muy sofisticado que pocas personas saben tocar. Si el corazón se abre, intentan poseer aquello que contribuyó a su apertura. Si el corazón se cierra, tratan de protegerse de aquello que propició su cierre. Dado que tienes que convivir con las consecuencias de tus actos, entender por qué el corazón se abre y se cierra, y quién percibe esto, puede resultar transformador.

Te das cuenta de que tu corazón se abre y se cierra, ¿verdad? Con independencia de que hayas practicado yoga o hayas meditado alguna vez en tu vida, todo el mundo entiende que el corazón puede abrirse y cerrarse. Cuando el corazón está abierto, experimentas un estado más elevado que en otras ocasiones. Cuando el corazón está cerrado, resulta muy difícil y doloroso vivir con él. Por desgracia, la mayoría de la gente no tiene la menor idea de lo que ocurre cuando esto sucede. Si se les pidiera ahora mismo que abran su corazón, no sabrían qué hacer. Saben cómo apretar el puño, parpadear, e incluso crear un pensamiento, pero no saben cómo abrir su corazón de forma expresa. Por lo general, el corazón se abre y se cierra por sí solo, y la gente solo tiene que vivir con las consecuencias.

Más vale que tengas cuidado con tu corazón. Si te implicas demasiado cuando se abre, esa corriente inicial de energía puede llegar a arrastrarte. En estas ocasiones suele decirse: «Estoy maravillado, enamorado hasta las trancas. No me importa dónde vivir. Permanecería a la intemperie en una tienda de campaña con tal de estar con él o ella». Veamos cuánto dura eso. Cuando el corazón se cierra, todo ese entusiasmo inicial se convierte en algo como: «No quiero volver a ver a esa persona. No me importa lo que diga. Ni siquiera quiero hablar con ella. No puedo creer que haya sido capaz de hacer eso». Si te pierdes escuchando el tormentoso monólogo del corazón cerrado, tal vez prefieras no saber a dónde podría llevarte.

Tu corazón es más bien un aparato o instrumento. Se trata de un dispositivo que emite vibraciones energéticas. Como cualquier otro aparato, necesita una fuente de energía estable. Cuando el corazón está cerrado, no sientes una energía positiva ni un propósito constructivo. Puede resultar bastante duro e incómodo estar ahí dentro. A veces sientes como si hubiera una roca dentro del pecho. Claramente no quieres eso, así que, en un intento de evitar la experiencia, tu mente empieza a inventar historias sobre qué hacer al respecto: «Voy a dejar a esa persona y lo lamentará enormemente». ¿Podemos hablar con franqueza sobre este asunto? La generación de estos pensamientos es solo un proceso que tiene lugar en la psique. Cuando el corazón se cierra, el flujo de energía no es fuerte, y esto da lugar a pensamientos negativos. Se necesita energía para elevar la vibración, también la de los pensamientos. Cuando el corazón permanece cerrado durante un periodo de tiempo, incluso es posible caer en una depresión profunda. Eso no sucede cuando se halla en un estado de apertura. Ten en cuenta que, sea cual sea el estado en el que se encuentre el corazón, da la impresión de que siempre permanecerá así. Sin embargo, has visto en diferentes puntos de tu vida que el corazón cambia si se le da la oportunidad de hacerlo. La gente se pierde tanto en la experiencia del corazón bloqueado que arruina sus vidas a causa de ello. Lo que la mente dice cuando el corazón está cerrado no eres tú. La mente solo está expresando el estado de corazón cerrado. Tú eres ese que se da cuenta de ello.

¿Y si tu corazón se encuentra en un estado de exaltación y apertura? Se trata de un extremo igual de peligroso porque también te crees que ese estado no va a cambiar. Pero lo más normal es que suceda algo que frene el entusiasmo que fluye por tu corazón. Si hay una razón por la que el corazón se abrió, entonces habrá una razón por la que se cierre. El mundo sigue cambiando, tu mente sigue cambiando, todo sigue cambiando. Por lo tanto, si hay una razón por la que tu corazón está abierto, ten cuidado: cambiará. Si hay una razón por la que tu corazón está cerrado, no te preocupes:

cambiará. Si lo permites, tu corazón sufrirá fluctuaciones, y se abrirá y cerrará según las circunstancias. Cuando no comprendes esto, simplemente reaccionas frente a estos cambios. Solo un gran ser consigue entender su corazón, ya que es necesario dedicarse durante años a una observación objetiva de su conducta, en lugar de perseguir lo que se desea o huir de lo que no se desea.

Un aspecto fundamental del crecimiento espiritual radica en comprender la dinámica de la apertura y el cierre del corazón. Para explorar plenamente por qué el corazón se abre y se cierra, primero debemos llevar nuestra exploración a un nivel más profundo. Dijimos antes que experimentas tres cosas en tu interior: el mundo externo que te llega a través de los sentidos, los pensamientos de la mente y las emociones del corazón. Pero la verdad es que experimentas una cuarta cosa ahí dentro. Aunque está presente todo el tiempo, la mayoría de la gente está tan inmersa en las tres primeras, que no se percata de este cuarto objeto de conciencia. Existe un poderoso flujo de energía en tu interior. Se le ha dado diversos nombres en diferentes culturas, como shakti, chi o espíritu. Para nuestro propósito, usaremos el término tradicional yóguico *shakti*.

Una vez que te hayas aquietado lo suficiente, te darás cuenta de que esta energía fluye todo el tiempo en ti. A veces incluso haces referencia a ella cuando tu nivel de energía cambia repentinamente. Dices cosas como: «Cuando me dijo que me amaba, me llené de tanta energía que estaba flotando en una nube. La sentí fluir durante días». En otras situaciones señalas: «Cuando me dijo que lo nuestro se había acabado, apenas tuve energía para conducir hasta casa. El golpe me dejó tan agotado que no pude ir a trabajar durante una semana». Estas afirmaciones se refieren al nivel superficial de la energía que estamos explorando. Hay un flujo mucho más profundo y esencial que experimentarás al trascender el yo personal. Es este flujo de energía más profundo que pasa a través del corazón abierto lo que experimentas como la sensación de amor. Debido a que la energía solo puede ascender tanto como tú se lo permitas, esta hermosa experiencia de amor no sucede muy a menudo en la mayoría de nosotros. Sin embargo, casi siempre hay algo de energía fluyendo a través de tu corazón y creando tu estado emocional normal.

La energía que fluye a través del corazón sufre todas esas fluctuaciones a causa de los samskaras que has almacenado en tu interior. Has rechazado interiormente las experiencias que no te gustaban y te has aferrado a las que te agradaban. Estos patrones energéticos que quedaron inconclusos son reales y actúan como bloqueos de tu flujo energético interno. Cuando la energía trata de fluir hacia arriba, y siempre está tratando de hacerlo, no lo consigue porque choca con estos bloqueos. Dado que esta energía o shakti es mucho más sutil que los samskaras, no consigue ascender.

Antes de profundizar en el flujo de la shakti, echemos un vistazo a lo que sucede cuando un bloqueo es tocado o activado por una experiencia vital. Tal vez nunca hayas pensado en ello, pero sabes muy bien lo que ocurre. Cuando algo impacta en un bloqueo concreto, la energía que se encuentra retenida en ese bloqueo se activa, y empiezas a sentir las emociones y a tener los pensamientos que están asociados con la experiencia pasada. Tu estado interno queda dominado por los patrones energéticos inacabados que permanecen almacenados, y te pierdes totalmente en ellos. En este estado, no tienes control sobre tus pensamientos o emociones. Tampoco controlas la apertura o el cierre del corazón. El samskara activado se ha apoderado de tu vida. Si no te andas con cuidado, determinará tu futuro a causa de las decisiones que tomes en ese estado de confusión.

He aquí un ejemplo de cómo suena la mente cuando un samskara se activa: «No puedo creer que me haya dicho eso. Es lo que solía decirme mi padre y que yo detestaba tanto. Por eso me marché de casa tan joven. No pienso volver a pasar por algo así. No estoy dispuesto a tener una relación con alguien que me recuerde a mi padre». Aunque parezca lógico, no lo es. Esta persona con la que estás interactuando no es tu padre, y si no conservaras esos samskaras de tu relación con tu progenitor, probablemente estarías gestionando tu relación actual mucho mejor. En el sentido más estricto, esas palabras no te han molestado: impactaron en el samskara, y ese samskara activado te molestó a ti. Sin embargo, para protegerte de esa alteración, cierras tu corazón. *Tus samskaras hacen que tu corazón se abra y se cierre.*

23
La danza del flujo energético

EXISTE UNA INTERACCIÓN MUY IMPORTANTE entre el flujo de energía y tus bloqueos. La energía está tratando de ascender, pero no puede debido a que has almacenado patrones energéticos de tu pasado que quedaron inconclusos. Son estas impresiones del pasado las que determinan tus preferencias en la vida. Cuando alguien estimula una de esas impresiones negativas, esa persona no te gusta y, al contrario, cuando alguien estimula una de esas impresiones positivas, puede ser amor a primera vista. Resulta muy arriesgado vivir de esta manera: no eres tú quien está a cargo de tu vida, sino tus impresiones pasadas.

Si trabajas en ti mismo, llegará un momento en que comprenderás plenamente tu corazón. Cuando hayas soltado suficientes patrones energéticos bloqueados, sentirás tanta energía fluyendo en tu interior que entenderás de primera mano lo que la Biblia quiere decir con «[...] de su corazón saldrán ríos de agua viva» (Juan 7:38, versión del rey Jacobo). Habrá un constante flujo de energía ascendente que recorrerá todo tu cuerpo. Cuando te abras de verdad, la energía fluirá a través de varios centros energéticos como el corazón, el punto del entrecejo y las palmas de las manos. Te convertirás en un ser de luz, un ser de energía. La energía fluirá libremente, al no estar obstruida por los bloqueos personales. Exploraremos esto en capítulos posteriores, pero mencionarlo ahora te permite entender por qué tu corazón se abre y se cierra en ciertas situaciones. La razón debería ser obvia a estas alturas: el estado de tu corazón depende de qué samskaras se están activando en un momento dado.

Cada vez que se obstaculiza el flujo de la energía, se crea una perturbación energética. Estas alteraciones del flujo energético las experimentas como emociones. Digamos que estabas muy abierto y sentías un constante flujo de amor a través de tu corazón, pero la persona amada dijo algo que te ofendió, ante lo cual opusiste resistencia. Tu corazón dejó de sentir amor, y en su lugar experimentaste ira, miedo o celos. Estos patrones energéticos perturbadores son el resultado directo de haber bloqueado el flujo de energía de tu corazón. Todas estas emociones están hechas de la misma energía que se manifiesta de manera diferente dependiendo de la naturaleza del bloqueo en cuestión. Es interesante que demos nombres a estas alteraciones. Basta con mirar las denominaciones diversas que tienen las emociones.

Hasta ahora hemos analizado lo que sucede cuando el flujo de energía impacta en un único bloqueo cada vez. Cuantos más bloqueos haya, más complicadas serán las perturbaciones. Al final, estas perturbaciones comenzarán a estimularse entre sí y crearán patrones energéticos sumamente complejos. Así es vivir dentro de nosotros mismos. Por eso las emociones son tan poderosas y a menudo complejas. Es posible tener una relación de amor/odio con algo debido a que tus patrones internos generan diferentes flujos de energía en diversos momentos. El samskara que esté más activo en un momento dado determinará qué es lo que más afecta al flujo energético. Somos criaturas muy difíciles de predecir, y esta es la razón de ello.

Por desgracia, es posible que las cosas empeoren todavía más. En algún momento pueden llegar a juntarse tantos samskaras en el corazón que acabes totalmente bloqueado, cansado y falto de inspiración. El flujo de energía que te levanta el ánimo de forma natural deja de apoyarte. Así es el poder de estos samskaras: gobiernan nuestras vidas por completo.

Recuerda que tu energía siempre tratará de fluir. La única razón por la que no puede hacerlo es por estar bloqueada. Al igual que un río al que se le ha puesto un dique, la energía trata de sortear los bloqueos. En la medida en que una parte de la energía pueda fluir alrededor de un bloqueo, sentirás algo de fuerza. Pero ese flujo de energía estará supeditado a que todo siga de esa manera. Si ocurre algo que estimule otro bloqueo almacenado, el flujo energético se verá afectado de forma correspondiente. Por eso la gente tiene tantos estados de ánimo y no se puede esperar un comportamiento estable. Cuando el flujo de energía logra encontrar un angosto pasaje alrededor de todo lo que hemos almacenado en nuestro interior, nos volvemos muy estrechos de mente acerca de cómo debería ser el mundo para poder favorecer ese flujo. Toda nuestra personalidad, con sus deseos y aversiones concretos, es simplemente la expresión de ese camino que la energía ha logrado encontrar. Nuestra capacidad de sentir amor, alegría e inspiración está condicionada por la cantidad de energía que consigue eludir los bloqueos.

Ahora ya comprendes por qué tu corazón es tan sensible. Dependiendo de lo bien que la energía pueda esquivar los bloqueos que has estado acumulando, tu corazón se abrirá o se cerrará. Presta atención a esto. De lo contrario, estarás sujeto a que la apertura y el cierre de tu corazón dirijan tu vida. Si durante una conversación que mantienes con otra persona sale un tema conflictivo, tu corazón puede empezar a cerrarse. Si tu reacción es alejarte y evitar a tu interlocutor en el futuro, los bloqueos están controlando tu vida. Del mismo modo, cuando el tema del que se habla te abre el corazón, de repente esa persona se convierte en tu mejor amiga y te apetece pasar más tiempo con ella.

Dejar que esta apertura y cierre del corazón gobierne tu vida no es ciertamente una actitud espiritual. Con esta conducta, no estás siendo fiel a ti mismo, sino a tus bloqueos. De eso se compone tu psique. *Tu psique es el resultado final de todos tus bloqueos y del modo en que la energía consigue fluir a través de ellos.* Cuando las fluctuaciones en el flujo energético hacen que tu corazón cambie, tus pensamientos también se modifican. En realidad, se trata de una situación lamentable porque acabarás perdido ahí dentro. Los bloqueos que has almacenado dominarán tu vida: eso no es forma de vivir. No irás a ningún sitio, ya que solo darás vueltas en círculos. En una vida así no hay ningún propósito, intención o dirección real, salvo tratar de minimizar el sufrimiento y conseguir una descarga de adrenalina periódica. Estos samskaras provienen del pasado. Son situaciones que viviste y que no fuiste capaz de gestionar. Ahora controlan tu presente y determinarán tu futuro si no tienes cuidado.

No podríamos abordar un tema más importante que este. Estos patrones almacenados van a condicionar a dónde vas, qué te inspira, con quién te casas y si te divorcias. Tú no diriges tu camino en la vida, sino ellos. Hasta que no estés bien asentado en la conciencia del testigo, vas a seguir a tus pensamientos y emociones, que están causados por tus samskaras. Seguramente has pasado por eso. Solo

hace falta que cambien los patrones energéticos de tu corazón para que todo se modifique. Seguidamente has dejado a
tu cónyuge o tu trabajo. Estos patrones almacenados representan la parte inferior de tu ser. Son el resultado de no haber sido lo bastante maduro o evolucionado para gestionar
algunas situaciones vitales. Estas pautas energéticas se han
quedado atascadas en tu interior, y ahora determinan el flujo
de tu energía y toda tu percepción de la vida.

Comprender los efectos de estos bloqueos ayuda a explicar por qué es tan difícil tomar decisiones personales. Lo
que intentas ver es cómo te hará sentir una elección u otra:
«¿Debería casarme con esta persona, o mejor espero a asen-
tarme profesionalmente?». Empleas estos pensamientos con
el propósito de ver cómo las diferentes elecciones produci-
rán cambios en el flujo energético que trata de sortear tus
bloqueos. El problema es que tienes tantos bloqueos conflic-
tivos almacenados que no resulta nada claro cómo proceder.
Por supuesto que no está claro; estás consultando qué hacer
a tu embrollo interno esperando que la respuesta sea evidente. Mientras tanto, percibes que estos pensamientos y
emociones cambian sin cesar en tu interior. La pregunta importante no es qué hacer al respecto, sino, ¿quién está dán-
dose cuenta de todo esto? La misma conciencia es consciente de todo este proceso que está sucediendo dentro de ti.
Aunque haya múltiples samskaras, no hay muchos tús ahí
dentro. Solo hay una conciencia que observa todos estos patrones enfrentados y se identifica con ellos.

Cuando te conviertes en un observador integrado —el
único testigo que observa todas las diferentes cosas que suceden en tu interior— estás centrado. Tienes claridad. Eres
libre. Pero cuando no ocupas el asiento del testigo y tu sentido del ser está dividido entre esos diversos patrones inter-

nos, todo se vuelve sumamente confuso. Es casi como si cada recorrido de la energía a través de tu campo de samskaras crease una personalidad ligeramente diferente. Te comportas de una manera con un amigo y eres alguien diferente con otra persona. Incluso puedes tener diálogos internos totalmente diversos dependiendo de tus interlocutores. Mira lo que sucede cuando regresas a la casa de tu infancia o acudes a un encuentro con tus antiguos compañeros de instituto. El entorno estimula los samskaras del pasado, y empiezas a pensar y sentir de la manera en que lo hacías en ese contexto. Sorprendentemente, en estas situaciones te sientes a gusto con estas diferentes versiones de ti mismo.

Las personas que viven en este estado luchan por encontrarse a sí mismas. Sienten que deben elegir cuál de estas personalidades es realmente la suya. La respuesta es bastante clara: tú no eres ninguna de ellas. No escojas una de ellas y dejes que esa elección condicione tu vida. Ninguno de tus pensamientos es más tú mismo que cualquier otro pensamiento. Tú eres quien experimenta los pensamientos. No hay ni una sola cosa en esos patrones energéticos cambiantes que te pertenezca ni te defina.

Es ciertamente difícil saber qué hacer cuando se produce toda esa conmoción interna. La única solución duradera es percatarse de que es el mismo tú quien se da cuenta de todo ello. Eres tú quien es consciente de que tus pensamientos y emociones están cambiando. Sucede todo el tiempo. Relájate y sé aquel que se da cuenta. Sé aquel que ve lo múltiple: este es el camino de la autorrealización.

24
La causa de los estados de ánimo y las emociones

L AS EMOCIONES SE GENERAN CUANDO el flujo central de energía se topa con un bloqueo. Para entender esto, imagina que te acercas a un arroyo que fluye sin impedimentos al no haber rocas ni otros obstáculos en su cauce. En estas condiciones, el agua del arroyo correrá de una manera uniforme y sin perturbaciones. No habrá remolinos, espuma ni corrientes entrecruzadas. Este arroyo despejado es análogo al flujo central de energía, la shakti. Ambos flujos son perfectamente puros y circulan constantemente en su estado natural. ¿Qué pasa si aparece una roca? De repente, se producen perturbaciones visibles. Hay remolinos, corrientes divididas y se forma espuma cuando el agua golpea la piedra. Una única roca ha producido una alteración en la corriente. Pues bien, lo mismo sucede cuando ponemos bloqueos en el flujo energético. Estos bloqueos —o samskaras— obstaculizan el flujo de la shakti y por tanto crean perturbaciones energéticas. Estas ondulaciones, espuma y remolinos internos, combinados con la liberación de la energía alterada que se ha almacenado dentro del samskara, son lo que llamamos emociones. *Una emoción es causada por la shakti, que al impactar en los bloqueos que acumulas en el corazón y salir disparada, libera las energías bloqueadas.* Esto crea la suficiente perturbación en el flujo energético normal como para atraer tu atención hacia esas energías alteradas. Las emociones son una liberación de energía bloqueada. Esto se aplica tanto a las emociones negativas como a las positivas.

Recuerda que los samskaras se almacenaron dentro de ti por una razón: tú no fuiste capaz de gestionar la experiencia inicial. Esos bloqueos pueden haber permanecido ahí durante años, incluso décadas, y cuando algo impacta en ellos, se activan y comienzan a liberar su energía reprimida. Por definición, las emociones y los pensamientos resultantes serán sumamente personales. Al fin y al cabo, eres tú quien ha mantenido ese bloqueo en tu interior. Por ejemplo, entras en una cocina y todo tu estado cambia al percibir un olor familiar que te recuerda a los platos que solía preparar tu madre. Es suficiente un olor para que un cambio poderoso se apodere de ti. Tu corazón se ablandará o endurecerá, dependiendo de la clase de relación que tuvieras con ella. La mayoría de las veces, no tienes idea de lo que está sucediendo. Simplemente aceptas ese cambio emocional y actúas en consecuencia.

Ahora ya comprendes de dónde vienen tus estados de ánimo. De todos modos, cuando alcanzas un estado de claridad, no hay estados de ánimo. Solo existe la belleza del flujo de energía constante que te alimenta día y noche. En capítulos posteriores exploraremos lo que es purificarse, tener claridad y vivir siempre en un estado elevado. Hasta que alcanzas ese estado, pasas de un estado de ánimo a otro según las fluctuaciones energéticas que se producen debido a estos patrones almacenados.

Desde un punto de vista yóguico, esto es lo que ocurre a diario en nuestras vidas: el flujo de energía asciende y al acercarse al corazón tiene tres opciones. Primero, si la energía está totalmente bloqueada por los samskaras y estos le impiden llegar al corazón, no sentirás el corazón. Hay mucha gente que no conecta apenas con su parte emocional. Están tan acostumbrados a concentrarse en su mente que no notan los cambios que se producen en el corazón hasta que son demasiado fuertes como para no hacerles caso. Las emociones son confusas y demasiado sensibles, de modo que estas personas las reprimen. Desean ser analíticas, no emocionales. Nadie les ha explicado que, si se molestaran en hacer el trabajo necesario para purificar el corazón, el aumento del flujo de energía que llega a la mente daría lugar a una mayor inspiración, creatividad e intuición.

Lo segundo que puede ocurrir con la energía que llega al corazón es que comience a estimular los bloqueos allí acumulados. Esto hace que seas voluble y más sensible frente a lo que sucede a tu alrededor.

De vez en cuando, sin embargo, todo se alinea perfectamente y tu corazón se tranquiliza. De alguna manera, el aspecto, la forma de hablar o cualquier otra cosa que tenga que ver con la persona que está frente a ti estimula y reorganiza tus samskaras de la manera adecuada. «Su pelo se parece al de mi hermana, y yo me llevaba muy bien con ella. ¡Fíjate en sus gafas! Son como las que tenía mi actriz favorita en la película que más me gusta. Estoy seguro de que congeniaremos». Antes de que te des cuenta dices en voz alta: «Me han hablado muy bien de ti y me hacía mucha ilusión conocerte. Ahora que te veo, he de decir que la realidad supera con creces mis expectativas». Así comienza el amor a primera vista. Las palabras son correctas, el pelo es correcto, las gafas son correctas. Todo te abre. No tienes que hacer nada, todo ocurre por sí mismo. Los estímulos que llegan a través de tus sentidos están reorganizando los samskaras de la manera correcta para crear una apertura que permita que la energía ascienda. A medida que la energía sube al corazón, tiene la oportunidad de fluir hacia afuera y conectarse con aquello que causó su apertura.

Estamos tocando un tema muy personal y sensible. ¿Alguna vez has sentido que la energía empieza a fluir desde tu corazón? ¿Alguna vez has sentido que tu corazón se conecta con el de otra persona? Es como si hubiera un flujo de energía que uniera ambos corazones. Los enamorados pueden permanecer sentados uno junto a otro sin pronunciar una sola palabra mientras se produce ese hermoso flujo conectado. Es casi como si nada en este mundo fuera tan hermoso como esa sensación de energía que fluye a través del corazón y se conecta con alguien. Desde un punto de vista yóguico, lo que estás experimentando es la shakti que fluye desde el cuarto centro de energía, *el chakra del corazón* de tu sistema energético. Aunque este centro del corazón es realmente hermoso, en realidad no es el más elevado, ya que hay siete chakras de este tipo que controlan el flujo energético interior. El yogui entiende que si toda la energía sale por el centro del corazón no tendrá el poder de alcanzar los centros superiores.

Llegarás a darte cuenta de que los chakras son como una pieza en T.

En la base hay un punto de entrada que puede estar abierto o cerrado. Si está cerrado, la energía no entrará en ese centro. Si, por el contrario, está abierto, la energía ascenderá e intentará fluir a través de él. Sin embargo, si la vía superior está bloqueada, la energía fluirá horizontalmente y se conectará con lo que haya estimulado la experiencia. Ahora bien, a los seres humanos nos gusta mucho la experiencia de la energía que fluye a través del corazón. De hecho, no lo llamamos *gusto*, lo llamamos *amor*. Esa experiencia es el amor humano, y no te preocupes, la espiritualidad no tiene intención de arrebatártelo. Es algo bello, aunque sí debes saber que existe una expresión superior de amor.

Esto nos lleva a lo tercero que podría suceder cuando la energía asciende hacia el corazón: puede llegar hasta el final. En este punto de nuestro viaje es necesario que entiendas que, si la energía atraviesa el cuarto centro, se producen experiencias energéticas mucho más elevadas que el amor humano. Esto no significa que no se experimente la conexión con personas y cosas. En realidad, te conectas a un nivel mucho más profundo. Quienes afirman que la experiencia de conexión humana es el sentido de la vida no han experimentado los centros superiores. Es como decir que la comida o la intimidad son el sentido de la vida. Desde luego que se trata de experiencias hermosas, pero son condicionadas, y vienen y van. El sentido de la vida es mucho más profundo que eso.

Hay centros de energía mucho más elevados que eres capaz de experimentar, y cuanto más te adentras en estos centros, más hermosa se vuelve la vida. Pero si no trabajas con el centro del corazón, nunca conocerás la existencia de los centros superiores. Para empezar a trabajar con el corazón, primero debes ser capaz de observar objetivamente cómo se abre y se cierra. Te darás cuenta de que los patrones almacenados de tu pasado son activados por situaciones externas y dan lugar a la apertura o el cierre del corazón.

Tomemos el ejemplo del amor a primera vista. Si hubieras conocido a esa misma persona tres días antes cuando estabas de mal humor, tal vez tu corazón no se habría abierto. Si no hubieras visto la película en la que aparecía esa actriz a la que ella te recordaba, es posible que no te habría fascinado de ese modo. La conclusión es que tienes bloqueos almacenados en tu interior que van a determinar tu nivel de apertura en cualquier situación. Basta con una palabra pronunciada de la manera correcta para que el corazón se abra. Y viceversa: basta con una palabra pronunciada de forma incorrecta para que el corazón se cierre. Todos tenemos diferentes samskaras, y estamos adquiriendo otros nuevos todo el tiempo. Por eso, lo que estimula a una persona, aplaca a otra. También es la razón por la que el corazón se comporta de manera diferente hacia una misma persona en momentos distintos. Cuesta creer que nuestros estados de ánimo, atracciones y repulsiones dependan tanto de nuestro pasado, pero es cierto. En nuestro estado normal, no prestamos atención a lo que sucede y simplemente nos dejamos sacudir por ello.

25
Los secretos del corazón

Y A ESTAMOS PREPARADOS PARA profundizar en los secretos del corazón. Gracias a nuestras anteriores exploraciones sabes que la energía puede fluir durante un tiempo y crear la sensación de amor. También estás al tanto de que, dado que la apertura del corazón depende del estado de los bloqueos, el propio flujo de la energía es condicionado y por lo general no es duradero. Sin embargo, es posible experimentar un gran amor todo el tiempo. Lo único que necesitas es la voluntad de trabajar en ti mismo para eliminar la razón por la que tu corazón tiende a cerrarse. Por ejemplo, imagina que fallece alguien que significa mucho para ti y tu cónyuge no puede acompañarte al funeral debido a un compromiso laboral importante. Es posible que eso te moleste profundamente. De hecho, si no tienes cuidado, podrías seguir resentido durante el resto de tu vida. Estás jugando con fuego con estos bloqueos. Puedes sentar las bases para debilitar o incluso destruir tu relación de pareja. Esto no es un juego: almacenar samskaras es un asunto serio que posee consecuencias graves. Si deseas un amor duradero, debes aprender a gestionar mejor estas situaciones. Este es un secreto del corazón que es bueno tener presente.

Otro dato fundamental sobre el flujo energético que se expande hacia fuera a través del corazón es que, literalmente, establece una conexión con la otra persona. Esta conexión es real, y hace que te apegues a ella al producirse un intercambio energético entre vosotros. No se trata de un apego físico, sino de una dependencia de la energía que fluye entre vuestros corazones y que os alimenta energéticamente a ambos.

Veamos esto en detalle. Tu corazón estaba cerrado debido a que los patrones almacenados del pasado estaban bloqueando el flujo de la energía. Aparece alguien con unas cualidades y características que te agradan, de modo que la energía encuentra una vía que elude uno de tus principales bloqueos. Aunque ese bloqueo no ha desaparecido, se ha abierto un camino que permite que la energía fluya a través del corazón. Esa energía fluye hacia la otra persona y a su vez su energía fluye hacia ti. Con la ayuda de esa persona has logrado experimentar lo que estarías experimentando si el bloqueo original no estuviera allí. Quizá antes pensaras que no le gustabas a la gente y que no eras muy atractivo, pero ha aparecido alguien que te admira y te contempla con inmenso amor. Te hace sentir tan cómodo que te derrites ante su mirada. Es increíble. Ya no te sientes tan raro como antes.

Aunque esto es realmente hermoso, por desgracia el samskara que estaba bloqueando el flujo de la energía sigue ahí. La energía encontró una manera de evitarlo, pero solo mientras el intercambio energético siga activo. Es como cuando se hace un puente en un circuito eléctrico. Has eludido el samskara, pero ahora estás muy apegado y eres dependiente de la otra persona. Si ella pierde el interés por ti o incluso si tú piensas en perderla, volverás a sentir ese samskara original en todo su esplendor. Volverás a experimentar el miedo y los complejos subyacentes de antes incluso con mayor intensidad. En otras palabras, has vinculado tu flujo energético al de otra persona y el estado de tu corazón depende ahora de sus acciones. Seguramente has notado este patrón numerosas veces en tu vida. Esto se denomina amor humano. Es muy hermoso, pero afortunadamente hay una forma de amor superior que es incondicional y puede durar para siempre.

El mayor secreto del corazón se revela cuando te deshaces de los samskaras en lugar de encontrar un camino que los esquive. Si te liberas de los bloqueos que impiden que la energía fluya hacia el corazón y a través de él, sentirás amor todo el tiempo. Siempre estarás rebosante de amor. Una vez que alcances ese estado, bastará con que agites la mano por delante del corazón para que sientas oleadas de amor extático que fluyen a través de ti. Así de fácil será experimentar amor. El amor se convertirá en el núcleo de tu ser. Ahora, ve a compartirlo. Sin lugar a dudas, comparte el hermoso amor que sientes. Podrás hacerlo sin apego ni necesidad porque tu amor no dependerá de nada ni de nadie. Estarás completo y sentirás plenitud en tu interior. A eso lo llamamos *autorresplandor*. Para alcanzar este gran estado, debes hacer el trabajo necesario en ti mismo para liberar tus samskaras en lugar de intentar encontrar constantemente una manera de sortearlos.

Ya tienes una perspectiva mucho más clara del funcionamiento interno del corazón. Hasta ahora nos hemos centrado en ver cómo la energía puede fluir a través de la parte inferior del corazón salvo que se le impida hacerlo. Es posible llamar a esta región *el corazón humano* porque, dependiendo de su grado de apertura, el flujo de energía puede crear toda la gama de emociones humanas. La energía bloqueada en la parte inferior del corazón puede experimentarse como sentimientos de celos, inseguridad o punzadas de anhelo. Incluso la ira es el resultado de un fuerte flujo de energía que sale disparado tras impactar en los bloqueos situados en el corazón. Por otro lado, si el corazón está lo suficientemente abierto como para que la energía llegue al centro del chakra del corazón, donde puede fluir horizontalmente, la energía se experimentará como amor humano. Es la misma energía la que hace esto, la única diferencia es cómo se bloquea.

Pero hay otro nivel del corazón que puede experimentarse cuando el flujo de energía ascendente es lo bastante fuerte como para pasar por la parte media del corazón sin salir en sentido horizontal. Los samskaras tienen que diluirse lo suficiente, y el flujo debe ser lo bastante potente como para atravesar la sección media del chakra del corazón. Cuando esto sucede, la energía fluye hacia la parte superior y genera una experiencia permanente de amor puro, fortaleza y bienestar global. En este punto hemos salido del corazón humano para acceder a lo que es verdaderamente *el corazón espiritual*. Cuando la shakti fluye a través de esa parte superior del cuarto chakra, empezarás a sentir lo que se ha descrito como la presencia de Dios. Esto es lo que experimentaron los grandes santos. Ya no te experimentas a ti mismo como un ser humano, sino como un ser de energía. Empiezas a sentir el amor como una fuerza natural del universo. Ya no se trata de un amor que sientes por alguien, sino de la fuerza del amor que te alimenta desde dentro. Una vez que abres tu corazón a ese nivel, tu interior será hermoso siempre y cuando elijas centrar tu conciencia en el amor, en lugar de en lo que quede de tu ser inferior.

Ahora ya conocemos lo que supone la apertura del corazón. Significa dejar de cerrarlo a todos los niveles. El estado natural de tu corazón es la apertura. Es como el agua de un arroyo: su estado natural es fluir libremente. Si hay algo que bloquea la corriente, no pierdas el tiempo intentando que el agua fluya alrededor de ese obstáculo, simplemente elimínalo. Lo mismo sucede con el flujo de la shakti a través del corazón: deshazte de los bloqueos y el amor será tu estado natural.

Eliminar los bloqueos constituye una purificación espiritual. En eso consiste la vida. Al liberarte de tus bloqueos, la energía comenzará a fluir libremente y el amor ya no será algo que necesites o que busques. En esta etapa, el amor no tiene nada que ver con otra persona o con el trabajo que estés haciendo. Sientes amor e inspiración todo el tiempo. El estado natural de tu ser es amar todo lo que haces y todo lo que ves. De hecho, debes contener tu pasión por la vida porque hay un poderoso flujo de energía que te alimenta desde dentro. Este es el estado que Cristo describió cuando dijo: «No solo de pan vive el hombre, sino de toda palabra que sale de la boca de Dios» (Mateo 4:4). Ya no vives únicamente de lo que te llega de fuera. Tu energía proviene de dentro, sin esfuerzo, de su fuente.

El corazón es una de las cosas más bellas de la creación. Con el tiempo, si trabajas en ti mismo, llegarás a apreciar lo que se te ha dado. Tu corazón no solo puede alimentarte con amor incondicional, sino que es la puerta de entrada a los centros superiores.

PARTE VI

La problemática humana y más allá

26
La problemática humana

LAS CUESTIONES MÁS RELEVANTES en lo que concierne a la calidad de vida no están relacionadas con lo que posees o con lo que haces, sino con cómo estás por dentro. La mayoría de la gente se identificará con una respuesta parecida a: «Hay momentos que son tan hermosos que no los cambiaría por nada. Pero hay otros momentos que me gustaría que no se prolongaran ni un solo segundo. En general, me esfuerzo por estar bien aquí dentro». Esta es la situación que nos toca vivir.

Lo anterior es una descripción adecuada de lo que es vivir ahí dentro para la mayoría de nosotros. Hasta ahora nuestra exploración ha sentado las bases para comprender por qué esto es así. A lo largo de nuestra vida hemos almacenado internamente samskaras, patrones energéticos basados en experiencias pasadas a las que nos hemos resistido. Después usamos estos patrones almacenados para construir un autoconcepto que consiste en lo que nos gusta y lo que no nos gusta, y en cómo conseguir que los sucesos del mundo se desarrollen de forma correspondiente. Si tenemos éxito en nuestros esfuerzos, por lo general nos sentimos bien, pero si fracasamos, la sensación es bien distinta.

Es importante entender que cada suceso externo es la expresión de todas las energías que se han unido para crearlo. Cuando el flujo de energía del suceso llega a ti, debe abrirse paso a través de tu mente y tu corazón, para finalmente fundirse en tu conciencia. Cuando empleas la voluntad para bloquear el paso de una experiencia, el flujo de energía tiene que encontrar una manera de seguir moviéndose. La energía no puede quedarse quieta. La energía es poder, y cuando topa con la resistencia de tu voluntad se ve obligada a dar vueltas sobre sí misma. Esa es la única manera en que la energía puede mantenerse en el mismo lugar. El círculo es una forma sumamente poderosa en la creación. Permite que algo siga moviéndose sin cambiar de sitio. Así es como se crean los samskaras. Estos patrones almacenados del pasado tratan de liberarse, pero tú los empujas hacia abajo, ya sea consciente o inconscientemente.

A estas alturas ya comprendes cómo los samskaras están gobernando tu vida. Para empezar, afloran de forma inesperada, lo cual solo genera sufrimiento. Para evitarlo, tienes que dedicar una parte importante de tu vida a crear situaciones que hagan que te resulte cómodo vivir ahí dentro. Así pues, acabas confiando a tu brillante mente analítica la tarea de averiguar cómo estar bien. Tu mente hace esto imaginando lo que podría funcionarte mejor. Empieza a inventar cosas y a vivir en un mundo de fantasía. Cuando surgen estos pensamientos imaginados, sientes cómo afectan a tus bloqueos, ya que estás intentando ver cómo tiene que ser el mundo para que se adapte a ti lo mejor posible. «¿Qué pasaría si esta persona fuera de cierta manera?»; «¿Y si esa otra no hubiera dicho lo que me dijo?»; «¿Y si cambiara de trabajo para poder ser el jefe y que la gente tuviera que escucharme a mí en lugar de yo a ellos?». Todo lo que sucede en tu mente personal se debe a que estás tratando de ajustarte a los patrones almacenados que harán que te sientas mejor, o bien estás tratando de evitar los patrones que harán que te sientas peor. En ambos casos, los patrones que has acumulado están dirigiendo tu vida. No te sientas mal por ello: le sucede a casi todo el mundo y siempre ha sido de este modo.

Ahora tienes una comprensión más profunda de lo que llamaremos la problemática humana: *estás ahí, pero no estás bien, y has desarrollado conceptos de cómo tiene que ser todo para poder estar bien ahí dentro*. Si no tienes cuidado, te esforzarás por satisfacer estas necesidades durante el resto de tu vida. Un ejemplo perfecto de esta carga es la práctica tristemente frecuente de preocuparse. ¿Por qué te preocupas? Solo hay dos razones para hacerlo: o bien te preocupa no conseguir lo que quieres, o bien te preocupa conseguir lo que no quieres. Esto te lleva a actuar fuera, en el mundo, para satisfacer tus necesidades. Pero la raíz de tu malestar son los patrones almacenados del pasado. Crees que necesitas actuar en el mundo externo para apaciguar tus patrones internos, pero esto no los elimina, sino que refuerza tu compromiso con ellos. Con el tiempo, seguirán molestándote.

Digamos que te sientes solo porque no tienes a alguien especial en tu vida. Esto suena perfectamente normal, pero la verdad es que tener a alguien especial en tu vida es un intento de resolver la soledad que sientes, pero no aborda la causa de ese sentimiento. Es como si comes mal y te duele el estómago. Puedes empezar a buscar tu remedio habitual para el malestar estomacal. Si alguien te preguntara entonces por qué te duele el estómago, no dirías que se debe a que no encuentras ese medicamento. Recurrir a ese fármaco es un intento de reducir el dolor de estómago, pero no está relacionado con su causa. Ese medicamento puede ofrecerte un alivio temporal, pero a menos que cambies tus hábitos alimenticios, volverás a sufrir dolor de estómago. Descubrirás que esto es cierto para muchas cosas que haces para contrarrestar tus molestias.

Con el tiempo, despertamos y nos damos cuenta de que la costumbre de compensar lo que está mal no es suficiente: debemos resolver la causa principal de nuestro malestar. Existe un estado interior que siempre está lleno de amor y de una sensación de felicidad. Yogananda lo llamó *alegría siempre nueva*. No es una alegría de la que acabas cansándote. Se trata de una experiencia de belleza que siempre es nueva y que fluye constantemente hacia arriba. Esta es la solución a todos los problemas que tienes en tu interior: crear belleza ahí dentro. En lugar de pensar que un nuevo trabajo, una nueva relación o grandes sumas de dinero y popularidad te proporcionarán esto, lleva a cabo el trabajo interior necesario para que tu interior sea hermoso. Fíjate en que todos tus problemas empiezan con este pensamiento: «No estoy bien aquí dentro». Si estuvieras bien, no te preocuparías ni te quejarías. Disfrutarías de la belleza de la experiencia que estás viviendo.

Disfrutar de tu estado interior no significa que no suceda nada en el exterior. Nadie está diciendo que no interactúes con el mundo. Simplemente no te relacionas con el mundo en un intento de resolver tus problemas internos. El exterior no puede solucionar tus bloqueos internos. Lo único que puede hacer es permitir temporalmente que la energía rodee un bloqueo o no lo estimule tanto. Esto supone un cierto alivio, pero no lo deshace.

Trabajar en la liberación de los bloqueos internos, en lugar de luchar con la vida para conseguir lo que quieres, puede parecer una privación. Pero si lo que se te quita está causándote sufrimiento, no debería suponer un problema. Si estás comiendo algo que te enferma, y alguien desea ofrecerte alimentos que contribuyan a tu recuperación, primero debes prescindir de aquello que te enferma. No se trata de un acto de renuncia, sino de sabiduría. Emprender este trabajo interior no significa que no te cases ni tengas un trabajo, ni pongas todo tu corazón en lo que estés haciendo. Puedes hacer todo eso, pero no con el propósito de resolver tus problemas internos. *Si dejas que la evitación de tus problemas internos defina lo que haces, solo estarás expresando tus problemas internos en el exterior.* Digamos que un psicólogo te muestra una mancha de tinta de Rorschach y tú te alteras por lo que ves en ella. ¿La solución es pedirle que aparte ese pedazo de papel de tu vista? Eso sería ridículo. No resolverías nada. Sin embargo, tratar de solucionar los problemas internos reorganizando lo externo es precisamente lo que todo el mundo hace.

27
El cambio de paradigma

TODOS QUEREMOS MEJORAR NUESTRA experiencia vital. Buscamos más alegría, amor, inspiración y sentido; la cuestión es cómo conseguir todo esto. Hagamos un experimento. Imagina que una fuerza todopoderosa te pide que pongas por escrito qué tiene que ocurrir para que puedas disfrutar de tu vida plenamente. Si eres como la mayoría de la gente, tu lista incluirá una casa nueva, una relación especial, un trabajo mejor pagado y quizás unas vacaciones de un año en tus lugares favoritos del mundo. Cuando hayas concluido la tarea, entregarás la lista emocionado con la esperanza de que se te concedan tus deseos. Pero lamento decirte que tendrás que esperar un poco, porque vamos a profundizar en este experimento.

Si examinas tu lista con más detenimiento, verás que eso que has escrito no es lo que quieres realmente. Digamos que deseas casarte con la persona que amas y celebrar el matrimonio en la isla de Maui rodeados por aves del paraíso. Después de la boda, quieres vivir en una preciosa vivienda sin hipoteca con vistas al mar y con dos vehículos de lujo en la entrada. Es el sueño que tienes desde la infancia. El problema es que eso no es lo que quieres de verdad. Tu mente te ha jugado una mala pasada. Digamos que tienes la boda, la casa y los coches, tal como querías, pero tu nuevo cónyuge resulta ser un auténtico imbécil. Te trata fatal y desde el principio resulta evidente que el tuyo va a ser el peor matrimonio de la historia de la humanidad. Para colmo, eres católica, así que no puedes divorciarte. ¿Aún deseas esa boda? Es poco probable. Así pues, no se trataba del matrimonio que querías. Deseabas la hermosa experiencia que pensabas que el matrimonio te iba a ofrecer. Por tanto, ¿por qué no pediste eso desde el principio?

Lo mismo sucede con ese nuevo trabajo, el millón de dólares en el banco, y el respeto de los demás. Bien, puedes tenerlo todo. Pero, ¿y si eso te genera tanto estrés y preocupación que acabas sintiéndote infeliz? En ese caso, desearías poder recuperar tu antiguo trabajo. En realidad, no querías ni el trabajo ni el dinero ni la aceptación, sino lo que pensabas que te ofrecerían. Deseabas felicidad, alegría y una sensación de bienestar total. ¿Qué tal un estado interior constante de amor, belleza e inspiración al nivel más alto que jamás hayas experimentado? ¿Por qué no pediste eso?

Has permitido que tus experiencias pasadas más poderosas definieran lo que crees que te hará sentir feliz. Pero no funciona así. Hay mucha gente que pese a tener todo el contenido de tu lista, no siempre son felices. No hay nada que hayas experimentado que te haya dejado totalmente satisfecho. Siempre has necesitado algo más. Toda tu vida te has dicho: «Si consigo lo que quiero, estaré bien, y si evito lo que no quiero, estaré bien». Durante toda tu vida has tenido una lista de cosas que supuestamente te harán feliz. ¿Cuándo te darás cuenta de que eso no funciona? Si llevas haciendo algo cada minuto de tu vida y aún sigues haciéndolo sin éxito,

obviamente no funciona. Es mejor ir directamente a la raíz
y decir: «Lo que quiero es sentir amor y alegría. Lo que quiero es sentir cada momento del día un bienestar completo tan
elevado como nunca antes había sentido, y sentirme inspirado con todo lo que hago». Eso sí que es una buena lista. Vamos a entregarla.

El interesante resultado de nuestro experimento es que
nos ha alejado de lo mundano y nos ha acercado a la esencia
de la espiritualidad. No es que lo mundano sea un término
negativo, lo que ocurre es que implica que crees que la respuesta está en el mundo externo. Tú crees que la respuesta
reside en aquello que se despliega ante ti. No está mal salir
al mundo en busca de lo que crees que quieres, solo que no
funciona. Intentas encontrar algo fuera que coincida con tu
«samskara del día». Una vez que logras lo que quieres o evitas lo que no quieres, eso dejará de ser tu mayor deseo o
miedo. Cuando ese asunto se haya quitado de en medio,
saldrá otro a la superficie.

Con el tiempo, despiertas. Te das cuenta de que lo que
quieres es sentir amor.

No es que quieras amar a alguien o que alguien te ame,
sino que quieres sentir amor todo el tiempo. Si tu amor no
depende de nada ni de nadie, puede durar para siempre. A
eso lo llamamos *amor incondicional*. El gran maestro de yoga,
Meher Baba, enseñó que el amor debe brotar espontáneamente desde el interior. No puede ser forzado ni depender
de nada. Eso es el amor puro. De lo contrario, será una situación pasajera que simplemente se ajuste a tus patrones
almacenados y que, lamentablemente, no durará. Acumulas
numerosos samskaras ahí dentro. Además, si estás en una
relación de pareja, la otra persona también almacenará múltiples patrones propios, muy diferentes a los tuyos. Por eso

las relaciones suelen ser tan complicadas. No solo los samskaras de cada uno son distintos, sino que las diversas experiencias diarias de ambos también se suman a la colección. Si tu pareja ha recibido una reprimenda en el trabajo, su actitud en casa será diferente de la que tendría si hubiera escuchado unas palabras amables. Tú, por tu parte, también has vivido otras experiencias durante la jornada. Si tu sentimiento de amor depende de que tu pareja se comporte de una determinada manera al llegar a casa, tienes un auténtico problema y tu pareja también. Ya tienes suficientes dificultades para lidiar con tus propios samskaras como para enfrentarte también a los suyos.

No te asustes. Esto no significa que no sea posible mantener relaciones significativas. Hay relaciones hermosas que pueden durar para siempre. De hecho, pueden ser cada vez más hermosas. Pero no son relaciones basadas en los samskaras y no se fundamentan en que el mundo externo se ajuste a tus patrones internos. Están basadas en el amor incondicional. Una vez que el amor fluye libremente en tu interior, te muestras encantado de compartirlo con otra persona. Ese amor no depende de necesidades o expectativas, sino que se trata de un amor puro que desea expresarse incondicionalmente.

¿Cómo se alcanza ese estado de amor incondicional y bienestar? En lugar de intentar que el mundo se adapte a tus bloqueos, te dedicas a soltar esos bloqueos. Ese es el secreto del verdadero desarrollo espiritual. El auténtico cambio de paradigma. Una vez que no tienes esos samskaras, nada bloqueará el flujo de energía interior. Sentirás amor, alegría e inspiración todo el tiempo. Si estás dispuesto a experimentar el momento que se despliega ante ti, tendrás la oportunidad de sentir inspiración con todo. El simple hecho de que las cosas existan será suficiente para emocionarte.

Solo tienes dos opciones: *dedicar tu vida a conseguir que el mundo se ajuste a tus samskaras, o bien dedicarte a soltar tus samskaras.* Si eliges lo último, no tendrás una vida mundana por un lado y una vida espiritual por otro, sino que tendrás una sola vida. Trabajar, asistir a retiros de meditación, sacar la basura, barrer el suelo, conducir, ducharte, todo será lo mismo. Esto se aplicará a todas tus actividades: estarás deshaciéndote de tus bloqueos en todo momento. Es igualmente beneficioso soltar tus bloqueos en el trabajo, al llevar a tus hijos al fútbol, al hacer la compra o con lo que sea que estés haciendo. En cada momento de tu vida, estarás disfrutando naturalmente de lo que es, o bien soltando aquello que te impide disfrutar de lo que es. Si te despojas de los deseos y los miedos que te limitan, siempre estarás bien. Liberarte de ti mismo en lugar de estar a tu servicio constituye el verdadero cambio de paradigma.

28

Trabajar con el corazón

INTERACTUAMOS CON LA VIDA en todo momento durante el tiempo que pasamos en la Tierra. Si estamos comprometidos con nuestro crecimiento espiritual, debemos aprender a utilizar esa interacción para eliminar nuestros bloqueos y esto nos lleva de vuelta al corazón, ya que es allí donde están almacenados. Como hemos visto anteriormente, tu corazón experimenta una miríada de diferentes emociones y sentimientos basados en los samskaras que has acumulado. La incapacidad para manejar la variedad de estas emociones te mantiene encerrado en la problemática humana de tener que controlar la vida para poder estar bien. Si deseas liberarte y vivir sin restricciones, debes aprender a purificar tu corazón.

La purificación del corazón empieza por estar agradecido por la tarea que desempeña. Tu corazón es como una orquesta. ¿Has visto alguna vez una película sin banda sonora? Está muerta. Exenta de energía. Cuando algo sucede en tu vida, la orquesta de tu corazón comienza a tocar aportando riqueza a tu vida con notas altas y bajas que generalmente son apropiadas para los sucesos que se despliegan ante ti.

Tu corazón no es un obstáculo ni un castigo, sino un hermoso regalo. ¿Preferirías prescindir de él y vivir tu vida sin sentimientos?

Así como la mente humana es algo extraordinario que puede llevarte más allá del límite de los sentidos, el corazón humano es aún más sorprendente. Abarca todo el espectro de emociones. El corazón puede pasar del éxtasis absoluto al dolor y la tristeza profundos en cuestión de segundos. Puede elevarte a alturas en las que sientes que las alas de un ángel te transportan al cielo y puede hundirte en una noche oscura. Tu corazón es capaz de hacer todo eso sin ningún esfuerzo por tu parte. ¡Qué instrumento tan asombroso albergas en tu interior! El problema es que no estás de acuerdo con toda esa variedad de matices que te ofrece y quieres controlarlo para que solo toque las notas que puedas alcanzar.

La espiritualidad consiste en aprender a agradecer a tu corazón las bellas expresiones que está creando en ti. Por desgracia, vas a descubrir que no te es posible hacer eso todo el tiempo. Hay vibraciones del corazón que no estás dispuesto a experimentar. Es como si no estuvieras lo bastante evolucionado como para manejar la plenitud de tu corazón, así que te resistes a ella. Al igual que opones resistencia al mundo cuando no es como tú quieres, te resistes a tu corazón cuando no te sientes cómodo con sus expresiones.

A medida que te expandas y crezcas espiritualmente, el grado de comodidad que experimentes con el mundo externo será cada vez más amplio, y podrás gestionar mejor los momentos que pasan ante ti. Lo mismo sucede con el corazón. Gracias a tu desarrollo espiritual honrarás las experiencias cotidianas y aprenderás a sentirte más cómodo con tu corazón. La primera vez que experimentaste miedo o celos, te sentiste abrumado y tuviste dificultades para mantenerte firme. Con el tiempo te acostumbraste a esas emociones y al menos intentaste manejarlas. Tal vez al principio solo fuiste capaz de controlar tus emociones y aparentar estar bien. Aunque eso no sea la opción más saludable, es mejor que perderse por completo y dejarse dominar por ellas. Si permites que una emoción desenfrenada se manifieste exteriormente, puede llegar a cambiar el curso de tu vida y no precisamente para bien.

Poco a poco, mientras aprendes a aceptar que las emociones son una realidad de la vida, vendrán y se irán si se lo permites. Esto es la evolución espiritual. Al igual que nuestros cuerpos han evolucionado a través de eones de experiencias externas llenas de retos, también nuestras almas evolucionan por medio de los fuegos de las experiencias internas. No es que los grandes seres no tengan emociones, sino que están en paz con ellas. Pueden manejar los diversos cambios que atraviesa su corazón. Si alguien que conoces fallece, es natural que tengas una sensación de pérdida. Si esa persona te importaba sentirás una cierta tristeza. Tu corazón está expresándose en armonía con lo que está sucediendo. Al igual que un instrumento con el que se interpreta una hermosa pieza, tu corazón está componiendo una canción de tristeza para ti. El problema es que no estás de acuerdo con eso. Con el tiempo te darás cuenta de que la emoción en sí no es el problema, el problema es que no eres capaz de gestionarla. Regresamos al mismo punto una y otra vez: ¿quieres dedicar tu vida a controlar el mundo externo para que tu corazón nunca sienta emociones que no puedes manejar? ¿O quieres dedicarte al trabajo evolutivo de sentirte cómodo con tu corazón?

Al igual que hemos visto con la mente, si quieres trabajar con el corazón, debes entender por qué es como es. Habrás notado que puede tornarse sensible y volátil, y resultar complicado convivir con él. Tu corazón es de ese modo debido a que no supiste manejar las emociones naturales creadas por él, te resististe a ellas, y su energía quedó retenida en tu interior. Ahora tienes problemas. Por si no tuvieras bastante con haber apartado los patrones de pensamiento, también has rechazado las vibraciones de tu corazón. Estos patrones energéticos bloqueados están haciendo que tu corazón sea un auténtico desastre. El corazón se ha desequilibrado y ha dejado de abrirse cuando necesita expresar emociones sanas. Digamos que alguien hace algo que te suscita temor. Hay momentos en los que el miedo es una reacción normal y saludable frente a los acontecimientos externos, pero dado que no eres capaz de manejar esa emoción, la reprimes para sacarla de tu conciencia. Más tarde, te enteras de que a esa misma persona que te atemorizaba le ha sucedido algo malo. En lugar de sentir compasión, experimentas alivio. Tus emociones ya no están en armonía con las situaciones externas, sino que están liberando las energías bloqueadas de tus experiencias pasadas.

El crecimiento espiritual consiste en arreglar el corazón y devolverle un estado de bienestar. Ya debería estar claro que el problema no está fuera, en el mundo físico; el problema es tu incapacidad de manejar la plena expresión del mundo en tu corazón. La solución reside en aprender a gestionar estas expresiones, lo cual es la esencia del crecimiento espiritual. Los sentimientos de pérdida, miedo o ira en tu corazón son solo objetos de conciencia que el Ser experimenta. No pueden dañarte, a menos que te resistas a ellos. De hecho, experimentarlos te enriquece. *Cada experiencia te hace mejor persona si no te resistes a ella.*

Haz las paces con las expresiones de tu corazón. Puede parecer imposible sentirse bien con las emociones que resultan incómodas, pero la verdad es que ya tienes experiencia en ello. Fíjate en la obra de Shakespeare *Romeo y Julieta*. Al ser una tragedia, ciertamente no es divertida. Supongamos que una compañía de teatro que interpreta obras de este autor pasa por la ciudad y representa *Romeo y Julieta*. La puesta en escena es tan brillante que lloras con una sensación de alivio que apenas habías sentido antes en tu vida. La representación ha sido absolutamente desgarradora. ¿Qué haces? Recomiendas la obra a todos tus amigos. Dices: «Estuve llorando durante tres días. Fue increíble. Me conmovió hasta lo más hondo. Nunca he sentido una tristeza tan pura. Quiero volver a verla y deberías acompañarme». Pero si una tragedia parecida te sucediera en la vida real, no estarías alabando la profundidad de la emoción, sino que te habría dejado marcado de por vida. Esa es la diferencia entre aceptar la expresión de tu corazón y resistirse a ella.

La creación ha dispuesto una orquesta completa en tu interior que toca de forma gratuita. Esto hace que la vida sea mucho más interesante y vibrante. Aprende a disfrutar de tu corazón dejando de resistirte a él. No se trata de perderte en tus emociones. Se trata de estar dispuesto a experimentarlas de la misma manera que presencias una hermosa puesta de sol. Simplemente dejas que la puesta de sol penetre a través de los sentidos. No estás haciendo nada. Solo permites que la conciencia sea consciente de lo que está frente a ella. Unas veces se trata de una hermosa puesta de sol y en otras ocasiones de una sensación de pérdida. El proceso es exactamente el mismo: la conciencia está experimentando un objeto de conciencia. No te aferras a él ni lo reprimes. Simplemente lo experimentas.

Aferrarte al objeto hace que este permanezca. Reprimirlo tiene idéntica consecuencia. Y cuando el objeto permanece, distorsiona la realidad. Ya no estás abierto a la vida: tienes una predisposición a favor o en contra de ciertas cosas. Estos samskaras son poderosos paquetes de energía. Distorsionan tu percepción de la vida, y pagas el precio constantemente. Cuando se reprimen los pensamientos y las emociones, se pudren ahí abajo. Aparecerán en diversos momentos y causarán graves problemas en tu vida. Esto es lo que Freud señalaba y lo que las upanisads habían expuesto miles de años antes. Aprender a hacer las paces con tu corazón constituye un paso importante que te permite salir de la problemática humana en la que nos encontramos.

29
Ni represión ni expresión

AUNQUE ES CIERTO QUE NO ES conveniente reprimir las emociones, tampoco es deseable que gobiernen tu vida. Por ello conviene saber que existe un lugar sagrado entre la represión y la expresión: la experiencia pura. En este estado ni reprimes la energía internamente ni la expresas externamente. Simplemente estás dispuesto a experimentar la energía proveniente de tu corazón y de tu mente. El dolor de la muerte y la alegría del nacimiento afloran en tu interior y alimentan tu alma. Llegan hasta el fondo de tu ser. No eres tú quien llega a estos sentimientos, sino que son ellos los que llegan a ti. No hay nada que hacer al respecto. Todo es un regalo que Dios te ofrece. La mente es libre para pensar; el corazón es libre para sentir. Todo esto te deja en un estado de paz y gratitud. Así es como debe ser la vida.

Sin embargo, hay ciertos pensamientos y emociones que no eres capaz de gestionar. Te resistes a ellos, y entonces construyes un mundo mental alrededor de aquello que has almacenado en tu interior. En este estado solo sientes gratitud si consigues aquello que deseas o evitas aquello que temes. Al final despiertas y te das cuenta de que tienes trabajo por hacer, un trabajo real que no está fuera, en el mundo externo, sino en tu interior. Ese trabajo se convierte en tu práctica espiritual. Si deseas conseguir lo que realmente quieres —alegría, amor, entusiasmo y pasión en cada momento de tu vida—, debes liberarte de estos patrones almacenados. El problema es que, aunque captes el mensaje de forma intelectual, en breve tu mente lanzará un contraataque. Esto se debe a que el camino interior no se ajusta a los patrones habituales de la mente sobre cómo estar bien.

Los únicos datos que la mente posee están basados en sus experiencias pasadas, por lo que siempre piensa que tiene razón. Esto es parte del problema. Debes entender que tu mente siempre creerá que está en lo cierto. La mente no es tonta y sabe lo que ha experimentado. Pero sí desconoce lo que no ha experimentado, que es un cuerpo de conocimiento infinitamente mayor. Esta es la razón por la que el sabio Lao Tzu afirmó que un hombre sabio no discute. ¿Por qué? Tú tienes tu mentalidad y otra persona tiene la suya. Sus experiencias vitales dicen una cosa y las tuyas te hacen verlo todo de manera diferente. No hay nada que puedas hacer al respecto, excepto ser lo bastante humilde como para darte cuenta de que los datos que captas en un momento dado son menos del 0,00001 por ciento de lo que está sucediendo en todas partes. Se trata de una cifra insignificante que se redondea a cero. En esencia, has tenido un montón de experiencias prácticamente vacuas que se reducen a cero. La mente personal está tan atrapada en sí misma que nunca se atreverá a mirar este hecho.

Sin embargo, las enseñanzas espirituales profundas abrazan esa verdad. Te piden que mires el mundo que tienes delante y te des cuenta de que ese momento exacto ha tardado miles de millones de años en manifestarse ante ti. Acéptalo. Honra esa verdad. Ríndete a ella. El primer paso consiste en aceptar la realidad, no resistirte a ella. No se trata de hacer o no hacer, se trata de renunciar a tu resistencia inicial a lo que es. Ves lo que hay, y luego sueltas todo aquello que surge a causa de los samskaras que has almacenado. Inevitablemente, tu mente va a empezar a hablar de lo que le gusta y lo que no. Simplemente no escuches. ¿Por qué ibas a escuchar todo aquello? Se trata solo de tus bloqueos personales que se superponen a la realidad.

Ahora ya puedes entender que aquello que aceptas y a lo que te rindes es la realidad. ¿Qué más puede haber? La realidad es la verdad, al menos de momento. Es lo que es real frente a las impresiones mentales del pasado que son simplemente pensamientos residuales. La manera de lidiar con estas impresiones mentales es darte cuenta de que son perfectamente naturales. La realidad va a llegar, va a impactar en tus bloqueos, y la mente va a decir algo sobre ello. Bien, sea como sea, no tienes que escuchar. Es así de simple. Si sabes que tu mente no sabe de qué está hablando, ¿para qué escuchar? Como hemos visto, la mente personal no dispone de más información que los datos que ha recopilado. Esos datos no son nada comparados con el conjunto universal de datos que se le escapan en cada instante. Los datos que tiene la mente son *estadísticamente insignifi-*

cantes. Por eso la mente cambia de opinión tan a menudo. Si le ofreces una nueva experiencia, verá las cosas de otra manera. Es interesante que sigamos escuchándola de todos modos.

Una persona sabia no renuncia al mundo: honra la realidad que se desarrolla frente a ella. Del mismo modo, una persona sabia no renuncia al uso de su mente; simplemente no escucha a la mente personal, porque está perdida en pensamientos sobre sí misma. La mente personal no va a resolver tus problemas. Lo hace lo mejor que puede con los datos limitados que tiene, pero sus esfuerzos no suelen dar buenos resultados.

En lo que respecta al corazón, una persona sabia permite que este se exprese libremente en su interior, pero no se pierde en él. Algunas personas dicen: «Sigue a tu corazón». No deben referirse al corazón personal, que suele estar completamente confuso a diario. Por suerte, hay un corazón superior al que seguir. Una vez que la energía fluye más allá de la mitad inferior del cuarto chakra, penetra en un corazón más profundo que es inmutable. Entonces se produce un flujo ascendente constante de una bella energía. Las oleadas de felicidad con las que te inunda son tan poderosas que apenas puedes concentrarte en lo externo. La dicha te envuelve y te instalas en esa hermosa paz que sobrepasa todo entendimiento. Sentir paz cuando consigues lo que deseas es algo comprensible, pero esta paz se apodera de ti y permanece sin razón alguna, de forma completamente incondicional. Esto es lo que tu corazón superior puede ofrecerte. Así es el regalo de tu corazón espiritual.

Para experimentar tu corazón espiritual, debes aprender a elevarte por encima de tu corazón personal. El corazón personal es muy fuerte y emocional. No es fácil atravesarlo, pero es posible. Primero, comprueba si las expresiones de tu corazón se basan en la realidad actual o en los pensamientos de tu mente. Los pensamientos de lo que no funcionó en el pasado y de lo que podría salir mal en el futuro generan emociones que no están en sintonía con la realidad. El embrollo que esto puede crear en tu corazón no tiene fin. Dado que las energías que se acumulan en el corazón deben tener un canal para su liberación, estas emociones se derramarán en tu vida externa y pueden llegar a generar un gran trastorno.

Si tus emociones están en armonía con la realidad que se despliega ante ti, generalmente son saludables y potencian tu calidad de vida. Cuando tu corazón y tu mente están sintonizados con la realidad, las energías no se liberan hacia fuera porque nada las bloquea. El poder de estas energías desbloqueadas que pasan por la parte inferior del corazón puede usarse para ascender hacia las partes más altas del corazón. Debido a que no estás reprimiendo ni expresando, comienzan a desplegarse los estados espirituales más profundos. Tú puedes seguir participando en lo que esté sucediendo en el exterior, pero tus acciones no son de naturaleza personal. Son simplemente hermosas interacciones que se producen momento a momento con la realidad y que están al servicio del flujo de la vida.

Alcanzar este estado requiere haber eliminado los samskaras que están bloqueando el flujo de energía y no añadir más. Para ello, debes aprender a gestionar tu corazón. Se necesita práctica, al igual que cuando se aprende a tocar el piano, a practicar un deporte o a cualquier otra cosa. Exploraremos este proceso en gran profundidad en los siguientes capítulos. Es necesario un cambio de actitud: empiezas a aceptar que las cosas van a suceder, van a ejercer un impacto en tu corazón, y tu mente va a generar pensamientos con el fin de liberar las energías acumuladas. Tú te comprometes a estar bien con este proceso. Esta actitud de aceptación es muy diferente a reprimir las emociones y los pensamientos o dejarte arrastrar por ellos. Simplemente honra lo que el corazón está haciendo, y aprende a relajarte al respecto. Las emociones pueden llegar a ser como una brisa que sopla sobre tu rostro: no hay nada que hacer, excepto vivir la experiencia.

Aprecia el trabajo que lleva a cabo tu corazón para expulsar los samskaras que has acumulado a lo largo del tiempo. Tu corazón se encarga de ello y lo único que debes hacer es permitir que esa purificación se produzca. Al principio, no es fácil relajarse ante lo que te has pasado la vida evitando. Pero ciertamente merece la pena porque la recompensa es un sentimiento de amor, libertad e inspiración constante. Al fin y al cabo, ya has experimentado una gran cantidad de sufrimiento con escasos beneficios.

La conclusión es que eres un ser hermoso. Posees un gran amor, luz e inspiración. Estás hecho a la imagen de Dios. El ser divino que creó todo el universo tiene su morada en tu interior, pero no te das cuenta de ello. Estás perdido pensando que el mundo externo debe ser de una determinada manera para que tú estés bien. Esta es la problemática humana, y nada cambiará de forma relevante hasta que aprendas a vivir desde un lugar más profundo.

Para salir de este atolladero, tienes que trabajar, y el trabajo está en ti mismo. Citando a Rumi, el gran poeta persa del siglo XIII: «Ayer era inteligente y quería cambiar el mundo. Hoy soy sabio, y estoy cambiándome a mí mismo».

PARTE VII

Aprender a soltar

30
Técnicas de liberación

LÓGICAMENTE, NO TIENE SENTIDO almacenar en tu interior las experiencias pasadas que más te incomodaron. Si lo haces, construirás tu propia casa interna de los horrores y te costará encontrarte a gusto. Esto es el origen de toda la ansiedad, la tensión y los trastornos psicológicos, y es algo que no puede arreglarse hasta tratarlo de raíz. Mientras mantengas dentro de ti aquello que te resultaba problemático hace diez o veinte años, vas a sufrir.

Una vez que tu intención es aprovechar cada momento de tu vida para liberarte, la cuestión es cómo hacerlo. Lo creas o no, la intención sincera de ser libre es más importante que cualquier técnica que puedas emplear. Estás ahí dentro, y si comprendes estas enseñanzas, te das cuenta de que no deseas la presencia de ningún bloqueo, ya que te complican la vida enormemente. Así pues, te comprometes a soltarlos. Existen algunas técnicas tradicionales poderosas que permiten liberarse durante la vida cotidiana. Expondremos tres de ellas en términos muy generales.

La primera técnica se llama *pensamiento positivo*. Yogananda solía recomendar que cada vez que aparezca un pensamiento negativo se sustituya por uno positivo. Se trata de una técnica muy básica y útil para dar lugar a un cambio. Se basa en los dos tipos de pensamientos de los que hemos hablado antes: los que se crean intencionadamente y los que se producen de forma automática. Si tu mente te hace pasar un mal rato mientras conduces, se trata de pensamientos automáticos que no estás creando a propósito. Ahora intenta generar pensamientos positivos sobre la situación. Si la persona que tienes delante conduce mucho más despacio de lo que marca el límite de velocidad, podrías decirte mentalmente: «Menuda oportunidad para relajarme. No puedo correr porque ese conductor no me lo permite. Supongo que es el momento de observar la respiración, calmarme y aprender a disfrutar de la experiencia». Puedes hacer eso en la vida cotidiana. No se trata de luchar contra tu mente o apartar los pensamientos negativos, sino de sustituir los pensamientos generados de forma automática por otros creados de forma expresa. No luches, solo reemplaza. No importa si los pensamientos negativos continúan en el fondo; solo enfócate en los pensamientos positivos en los que te centras a propósito. Con el tiempo, los pensamientos creados intencionalmente sustituirán a los automáticos. Se trata de una acción sumamente beneficiosa. Simplemente aplica tu voluntad para compensar o neutralizar el efecto de tus samskaras. A medida que pase el tiempo, este hábito contribuirá al desarrollo de una mente más positiva, que es un ambiente mucho más agradable en el que vivir.

La segunda técnica es un método clásico que se denomina *mantra* de manera amplia. En el sentido más general, «mantra» significa entrenar la mente en la repetición de una palabra o frase una y otra vez hasta que se quede grabada. Es lo mismo que cuando se te pega una canción, pero usando un mantra. Todos sabemos que nuestra mente puede funcionar por capas. Por eso es posible prestar atención a alguien que te está diciendo algo mientras sigue habiendo pensamientos «en el fondo de tu mente». Tu mente es tan brillante que está capacitada para hacer varias cosas a la vez. Puede crear pensamientos en múltiples niveles, y tú puedes ser consciente de todas esas capas de forma simultánea. La técnica del mantra te ofrece una capa mental que siempre está ahí: equilibrada, agradable, un lugar seguro en el que descansar. Mientras el mantra es pronunciado sin esfuerzo en el fondo de la mente, tienes la opción de escoger en qué capa mental deseas concentrarte. Cuando surgen los pensamientos a causa de tus samskaras, no tienes que luchar contra ellos ni reemplazarlos: tan solo has de desplazar la atención hacia el mantra. Con el pensamiento positivo, haces un uso continuado de la voluntad para neutralizar los pensamientos negativos con otros positivos. Con el mantra, simplemente empleas tu voluntad para desplazar la atención desde los pensamientos generados por los samskaras hacia el mantra.

El mantra es un regalo. Es como tener unas vacaciones incorporadas. Si haces el trabajo necesario para grabar el mantra en una capa de la mente, esto cambiará tu vida. Además, no tiene que tratarse de un mantra sánscrito tradicional como *om namah shivaya* u *om mani padme hum*. Puede consistir en un nombre o palabra usado para referirse a Dios, como Jesús, Adonai o Alá. De hecho, repetir el mantra: *Dios, Dios, Dios* es sumamente poderoso. Si todo esto te parece demasiado religioso, otra estupenda frase que puedes emplear es: «*Siempre estoy bien, siempre estoy bien, siempre estoy bien*». ¿No sería magnífico recordar alguno de ellos a lo largo del día?

No resulta complicado grabar un mantra en la mente, lo único que hace falta es repetirlo. Puedes empezar a practicar el mantra durante el tiempo que dedicas mañana y tarde a tus prácticas espirituales. Incluso quince minutos serán sumamente provechosos. Una buena técnica consiste en vincular el mantra a la entrada y salida del aire que respiras. Luego, durante el día, vuelve a él cada vez que se produzcan determinados sucesos. Por ejemplo, puedes repetirlo unas cuantas veces antes de coger el teléfono y después de colgarlo. Solo te llevará un momento, y estarás haciendo una gran inversión para convertirte en un ser más consciente y centrado. Haz esto siempre que entres o salgas del coche, así como al entrar o salir de tu vivienda u oficina. Nadie se dará cuenta. Se trata de una pausa que lo cambiará todo con el tiempo. Antes de comer, entona el mantra. Si estás comiendo solo, diviértete repitiendo interiormente el mantra mientras masticas la comida. Conviértelo en un juego: ¿cuántas actividades cotidianas puedes emplear para recordarte que debes practicar el mantra? He aquí un buen uso que puedes dar a tu smartphone: configura un recordatorio que te ayude a practicar el mantra. Con el tiempo, entrenarás la mente para mantener siempre el mantra de fondo durante tu vida diaria.

Aunque hayas llevado a cabo este trabajo sobre ti mismo, es inevitable que llegue un día fatídico. Sucederá algo que altere tus emociones o pensamientos. Estarás a punto de perder el mantra, pero este captará tu atención lo suficiente como para darte a elegir: descender o ascender. De inmediato, apartas la atención de esa agitación interior, te centras en el mantra, y tu vida cambia. Además, el mantra no te impide tener pensamientos constructivos: solamente está ahí como una red de seguridad para sostenerte si empiezas a caer. Cuando dispongas de un rato para volver a descansar en el mantra, te llenarás de paz y bienestar. Es como tomarte unas vacaciones de la mente personal. ¿No estaría bien que en el momento en que te sentaras, la tensión y el estrés se desvanecieran al posarte de nuevo en el regazo del mantra? Todo esto está a tu disposición de forma gratuita. Solo debes estar dispuesto a hacer esa inversión en ti mismo. Fíjate en que con la práctica del mantra estás aprendiendo a renunciar al control que la mente personal tiene sobre ti.

La última técnica de nuestra exploración que contribuye a la liberación de ti mismo suele denominarse *conciencia del testigo*, e incluye la poderosa práctica de relajar y soltar. La conciencia del testigo es una técnica más profunda que las anteriores porque, en definitiva, no requiere trabajar con la mente. El pensamiento positivo implica la creación de pensamientos positivos para sustituir a los negativos. El mantra conlleva la creación de una capa de la mente que proporcione un entorno tranquilo y estable para elevarse por encima de las capas inferiores. La conciencia del testigo, sin embargo, consiste simplemente en darte cuenta de que te estás dando cuenta de lo que hace la mente. No necesitas interactuar con ella. No necesitas hacer nada. Tan solo ser aquel que se da cuenta de que la mente está creando pensamientos y de que eres consciente de ellos. Para hacer esto, no puedes alterarte con los pensamientos que surgen. Si los pensamientos te molestan, dejarás el asiento de la observación objetiva y tratarás de cambiar la mente. Para alcanzar de verdad la conciencia del testigo, debes estar dispuesto a permitir que los pensamientos sean como son y simplemente ser consciente de que eres consciente de ellos.

Si quieres experimentar la verdadera conciencia del testigo, solo tienes que mirar delante de ti. ¿Ves lo que hay? No pienses en ello, solo míralo. Eso es la conciencia del testigo. *Solo ver*. Simplemente estás presenciando lo que hay. Ahora, gira la cabeza y mira a tu alrededor. Practica la inmediatez de solo ver. Observa que tus pensamientos a menudo tienen algo que decir sobre lo que ves. ¿Puedes simplemente darte cuenta de esos pensamientos igual que observabas tu entorno, o tienes que hacer algo con ellos? Los pensamientos, las emociones, surgen por sí mismos. Ahora simplemente date cuenta de ellos.

Cuando alcanzas el estado en el que puedes observar lo que sucede en la mente y el corazón, te darás cuenta de que no siempre estás a gusto con lo que acontece en tu interior. Es más, existe la tendencia a querer hacer algo al respecto. Es algo muy natural. Si quieres hacer algo deliberadamente, lo mejor sería relajarte. Esta no es ciertamente la conducta más intuitiva, porque lo que quieres es protegerte de la perturbación interior deshaciéndote de ella, pero esa lucha solo la empeora. Por eso lo mejor es relajarte y no implicarte en las energías alteradas. Al principio esto parece una tarea imposible porque intentarás calmar la propia perturbación. No hagas eso: relájate *tú*. Tú que te das cuenta de tu agitación no eres esa agitación. Eres testigo de tu perturbación, y puedes relajarte a pesar de ella.

Estás ocupando el asiento de la conciencia, muy adentro, observando la danza de la mente y el corazón. Este espacio en el interior de ti mismo es un lugar muy natural donde situarse. Si no te dejas arrastrar por los pensamientos y las emociones, puedes relajarte y darte cuenta. No te hace falta pensar. En el momento en que veas lo que está sucediendo, relájate. Relaja los hombros, relaja el vientre, relaja las nalgas y, sobre todo, relaja el corazón. Aunque el corazón en sí no se relaje, el área alrededor de tu corazón sí lo hará. Dispones de fuerza de voluntad ahí dentro, úsala. Esto es lo que debes hacer con tu voluntad: relajar y soltar. Primero relaja tu resistencia inicial, luego libera la energía alterada que surge. Cuando haces esto, en realidad estás creando espacio para la liberación de los samskaras que originan esa perturbación. Estás dándoles la oportunidad de liberarse, al no enfrentarte con los pensamientos y emociones que están creando. Al final la lucha cesa, ya que has creado distancia entre el lugar en el que se asienta el Ser y el ruido de la mente. Para ser libre, necesitas poner distancia entre ambos: el sujeto y el objeto.

La espiritualidad no consiste en cambiar los objetos que observas. Se trata de aceptar los objetos sin dejarse absorber por ellos. Se trata de ser desapegado y sentirse en paz con lo que sea que tu mente y tu corazón estén haciendo. Cuando te sientas totalmente cómodo con todo lo que procede de tu mente y tu corazón, estos dejarán de crear perturbaciones internas. Todavía no lo sabes, pero es cierto. La gente suele preguntar si el parloteo de la mente seguirá una vez que estás en paz con ella. La mente parlotea porque tú no estás bien, y trata de averiguar cómo hacer que te sientas mejor, esforzándose por conseguir que todo sea como tú quieres. Una vez que estás bien ahí dentro, hay mucho menos de lo que hablar. Cuando estás en presencia de alguien a quien amas, no estás pensando en cómo encontrar el amor. Solo experimentas la belleza del amor. Del mismo modo, cuando estés bien ahí dentro, no estarás pensando en cómo estar bien. Simplemente te relajarás en un estado de quietud y bienestar lleno de paz. Pero para lograr esto es necesario que estés bien con tus pensamientos y emociones. Relajarse en su presencia es un buen comienzo para sentirte a gusto con ellos. Si no puedes relajarte ante los pensamientos y emociones, te verás impulsado a hacer algo. Serás arrastrado por ellos y tratarás de arreglar aquello que te molesta. Es mejor simplemente relajarse y conceder a los samskaras el espacio que necesitan para liberarse. Cuando te relajas en la conciencia del testigo, te rindes a la realidad de lo que está ocurriendo.

Primero te relajas y luego tomas distancia. Tú que te das cuenta te mantienes alejado de aquello de lo que te das cuenta. No tienes que pensar en ello. Simplemente observa que lo que estás viendo, los pensamientos y las emociones, son distintos de ti y se encuentran a cierta distancia de ti. Ahora, aléjate de su ruido. La mente y las emociones generan ruido. Eso no es un problema. Solo relájate y distánciate de esa estridencia. Cuando haces esto, estás creando distancia entre *Tú* (la conciencia) y los objetos de la conciencia (los pensamientos y las emociones). En esa distancia los samskaras disponen de espacio para liberar su energía. Se trata de un proceso incómodo, y es natural que así sea. La incomodidad que experimentas es el malestar que produce la liberación de los samskaras. Se almacenaron con dolor y van a liberarse con dolor, si se lo permites. Se trata del dolor que acaba con todo el dolor.

31
Objetivos sencillos

L A MEJOR MANERA DE SOLTAR las bolsas de dolor que has almacenado es practicar. Al igual que se practican las escalas para aprender a tocar el piano o se practica un deporte para destacar en él, puedes practicar el soltar para aprender a hacerlo. Empieza con tareas simples u objetivos sencillos. Se producen numerosas situaciones diarias en las que te alteras sin ninguna razón de peso. Enfadarte con el conductor que tienes delante no sirve de nada. Solo te genera estrés y tensión. El análisis coste-beneficio indica un cien por cien de coste y cero beneficio. Dejar de lado esa tendencia debería resultar sencillo, pero no lo es. Descubrirás que tienes la costumbre de insistir y exigir que las cosas sean como tú quieres, aunque sea una conducta irracional. Las cosas son como son, debido a todas las influencias que han contribuido a que sean así. No vas a cambiar el tiempo que hace hoy quejándote de él. Si eres una persona sabia, empezarás a modificar tus reacciones frente a la realidad, en lugar de luchar contra ella. Al hacerlo, cambiarás tu relación contigo mismo y con todo lo demás.

Empieza con cosas pequeñas para demostrarte a ti mismo que eres capaz de hacerlo. El trabajo con uno mismo a este nivel consiste en la práctica de soltar. Una vez que seas capaz de relajarte y soltar aquello que te resulta más fácil, descubrirás que dispones de una mayor capacidad para enfrentarte a problemas de mayor relevancia. Estás entrenándote para lidiar contigo mismo.

Un gran número de experiencias vitales pertenecen a la categoría de objetivos sencillos. Por ejemplo, puedes practicar el soltar en el modo en que te relacionas con el tiempo atmosférico. Lo creas o no, puedes usar el tiempo para lograr un enorme crecimiento espiritual. El tiempo siempre está ahí y es variable: calor, frío, ventoso, seco, húmedo, y demás. Está claro que el tiempo no tiene nada que ver contigo. Tiene que ver con las fuerzas que están causando que sea tal como es. Si no puedes aceptar el tiempo sin alterarte, ¿cómo vas a manejar cualquier otra cosa? Quejarte del tiempo es un ejemplo perfecto de algo que tiene un coste del cien por cien y cero beneficio. ¿Qué ganas quejándote? Nada, salvo enfadarte: «Hoy ha hecho un calor insoportable, terrible. Me he pasado todo el día sudando. Lo odio». Enhorabuena, no has tenido un buen día, pero eso no ha cambiado el tiempo ni siquiera un poco.

Al final comienzas a trabajar contigo mismo. Cuando tu mente se queje acerca del tiempo, no luches contra ella. Si quieres, puedes emplear el pensamiento positivo. Por ejemplo, cuando la mente diga: «Hace calor, ¡qué calor tengo!», en lugar de entrar en ese monólogo interior, pregúntate: «¿Cómo se produce ese calor? ¿Qué significa "hace calor"?». Recuérdate a ti mismo que hay una estrella situada a 150 millones de kilómetros de nuestro planeta que es tan caliente que podemos sentir su energía térmica. Eso es increíble. Usa tu mente superior para apreciar y respetar la realidad en lugar de quejarte de ella. Cuando haces esto, estás utilizando

la mente para algo positivo y constructivo. Estás elevándote
a ti mismo.

Aunque esta práctica del pensamiento positivo resulta
beneficiosa, en última instancia lo que tienes que hacer es
relajarte y soltar más allá de la alteración. Si te dedicas a relajarte y soltar, no tendrás tanto calor. Después de todo, ese
Tú ahí dentro no puede acalorarse; solo puede experimentar
que el cuerpo tiene calor. Estás asentado firmemente dentro
de ti mismo, presenciando la experiencia del calor. Si te relajas y sueltas desde el lugar donde se asienta la conciencia,
te distancias de la parte de ti que se queja. Desde luego que
hay quejas en la mente, no hay razón para negarlo. Pero si te
relajas y te alejas de la fuente del ruido, estarás descansando
en el lugar en el que se asienta el Ser.

Cuando te relajas y sueltas ocurren dos cosas. En primer
lugar, dejas de luchar contra las causas de la alteración de tu
mente, y eso les ofrece espacio para desprenderse. En segundo lugar, en realidad te estás relajando en el asiento del Ser,
lo cual contribuye a tu crecimiento espiritual. Si haces eso
con el tiempo atmosférico y con el coche que tienes delante,
si haces eso con todas esas situaciones fáciles, crecerás cada
día. En el caso de los objetivos sencillos, la situación se resuelve soltando internamente. No hay nada más que hacer
al respecto. Tú creabas el problema, y una vez que depones
tu actitud, este se resuelve. Si aceptas el tiempo atmosférico,
no hay nada más que hacer al respecto. Si aceptas las innumerables minucias por las que has decidido alterarte, no hay
nada más que hacer al respecto. Así es como se identifican
los objetivos que puedes lograr fácilmente.

Por el contrario, cuando te has liberado de tu reacción
ante una situación, pero todavía tienes frente a ti algo que
debes abordar, eso significa que te queda un trabajo pen-

diente en el exterior. Si pierdes tu empleo y trabajas en soltar tu reacción negativa, eso es perfecto, pero también deberás buscar un nuevo trabajo. El soltar la reactividad no te
exime de tus responsabilidades en la vida. No estás abandonando la vida, estás soltando tus reacciones personales frente a la vida. Tus reacciones personales no te ayudan a lidiar
con las situaciones de manera constructiva, sino que empa-
ñan tu capacidad de tomar buenas decisiones.

En definitiva, vas a descubrir que la mayor parte de tu
alteración interior pertenece a la categoría de objetivos sencillos. La única razón por la que hay un problema es porque
tú lo has definido como tal. Tú eres el problema, y eso no
puede resolverse fuera, en el mundo externo, sino internamente.

32
El pasado

MIENTRAS ESTÁS CONDUCIENDO, ves una valla publicitaria que te recuerda una preocupación antigua. Tal vez se trate de un suceso que tuvo lugar hace ocho años. ¿Qué ganas alterándote por eso? Acabas de estropearte el día sin razón. Que algo te haya molestado en el pasado no significa que deba seguir haciéndolo en el presente. Al fin y al cabo, eso ya no está sucediendo. Dado que no deseas volver a pasar por ello, crees que necesitas seguir recordando lo malo que fue. Eso es como decir que necesitas meter en un táper la comida que te ha sentado mal en un restaurante para llevártela a casa, probarla cada mañana, y así recordar el malestar que te causó. Si nunca harías eso con la comida en mal estado, ¿por qué lo haces con las experiencias negativas?

Ahora estamos listos para prestar atención a otra área que resulta sumamente propicia para el crecimiento espiritual, tu pasado. Probablemente no estés de acuerdo al principio, pero también tiene un cien por cien de coste y cero beneficio. ¿Qué ventaja tiene seguir molesto por algo que sucedió con anterioridad y que no está teniendo lugar ahora? Ya ha pasado. No ayuda en nada alterarse por algo que ni siquiera está ocurriendo. Por otro lado, esta conducta tiene ciertamente un coste increíble en tu salud mental, emocional e incluso física.

En cambio, si dejas que las experiencias pasen completamente a través de ti cuando están sucediendo, te llegarán hasta la médula de tu ser y se convertirán en parte de ti sin dejar cicatrices. Simplemente podrás aprender de cada experiencia y crecer. Una vez que hayas asimilado por completo una experiencia, sabrás cómo afrontarla de forma natural en caso de repetirse. Si tocaste una estufa caliente cuando eras pequeño, no tienes que mantener esa dolorosa experiencia en el primer plano de la mente. No necesitas recordarte siempre que las estufas están calientes y puedes quemarte. Si lo haces, habrás creado un samskara a raíz de la experiencia en lugar de simplemente aprender de ella. No te preocupes, sabrás muy bien que no debes tocar una estufa encendida de nuevo.

Del mismo modo, una vez que has aprendido a practicar un deporte o a tocar un instrumento musical no tienes que seguir pensando en cómo entrenarlo, se vuelve automático. Eso significa que se ha integrado en todo tu ser. Se convierte en algo totalmente natural, y no tienes que volver a pensar en ello. Así es como deberían ser todas tus experiencias de aprendizaje pasadas: disponibles sin ningún esfuerzo cuando las necesites y sin molestarte nunca cuando no las necesites. Si procesas tus experiencias adecuadamente, siempre estarán ahí para servirte, nunca para atormentarte.

Tal vez este ejercicio te ayude a comprender lo que significa procesar algo por completo, en lugar de tener que pasarlo a través de tu mente pensante. Mira lo que tienes delante durante un momento. ¿Te ha costado verlo? Obviamente, no te ha supuesto ningún esfuerzo, lo has visto al

instante. Y si el mejor artista del mundo te llamara por teléfono queriendo pintar lo que viste, ¿cuánto tiempo tardarías
en describírselo todo? Estamos hablando de cada matiz de
color, reflejo de luz, variación de las vetas de madera, cada
detalle. Sería una llamada telefónica muy larga. Sin embargo, lo viste todo en una mil millonésima de segundo. Esa es
la diferencia entre la conciencia que solo ve y la mente que
trata de procesar lo que ve.

Esta diferencia es válida para todas las experiencias de la
vida. Cuando tienes una experiencia, simplemente puede
llegar y tocar la conciencia directamente. No necesita que la
mente la juzgue como deseable o indeseable, ni que la alma-
cene según corresponda. Al igual que has podido ver la escena que tenías delante con todo detalle sin «pensar» en ella,
también puedes integrar la plenitud de tus experiencias en
tu ser sin tener que bloquearlas en tu mente. *No hay nada
más enriquecedor que una experiencia totalmente procesada e
integrada en todo tu ser.*

¿A cuántos sucesos te gustaría poner fin de verdad en lugar de tener que lidiar con ellos mental y emocionalmente
mucho después de que sean historia pasada? De hecho, para
lograr una espiritualidad profunda, tu pasado inconcluso no
puede estar dentro de ti. Debe desaparecer, no reprimirse, sino
desaparecer. Con el tiempo verás que cuando esos patrones
bloqueados se desvanecen, todo lo que queda es el fluir del
espíritu. Lo que queda es lo más hermoso que puede existir.

¿Cómo se deja atrás el pasado? No tiene mayor compli-
cación. Los bloqueos del pasado aparecerán por sí solos en
el día a día, y cuando lo hagan, suéltalos. No hay ningún
truco, resulta muy sencillo. Los sucesos externos hacen que
afloren patrones que has almacenado. Bien, deja que surjan.
En tu vida van a suceder cosas que impacten en tus samska-

ras. Si están ahí, van a ser estimulados. El mundo es perfecto
para el crecimiento de cada uno de nosotros, pero no por la
razón que crees. El mundo es perfecto para nuestro desarrollo porque cada uno mira el mundo a través de sus propios
bloqueos. Sucede lo mismo que con el test de Rorschach.
No es que la mancha de tinta esté perfectamente adaptada
para sacar a relucir tus problemas. Es que estás mirando la
mancha de tinta a través del velo de tus problemas y proyectas esos problemas en ella. Por eso la misma mancha de tinta
funciona bien para diagnosticar a todos los pacientes, igual
que el mismo mundo externo funciona perfectamente para
el crecimiento de todos. Si quieres ver lo que realmente hay
ahí fuera, tienes que deshacerte de tus problemas internos.

La ciencia explica que en realidad no hay nada ahí fuera:
solo un montón de átomos formados por electrones, neutrones y protones. La física cuántica llega aún más lejos y seña-
la que en realidad solo hay un campo cuántico de energía
pura que tiene características tanto de onda como de partí-
cula. Las partículas subatómicas que surgen de este campo
de energía (quarks, leptones y bosones) son las que componen todo nuestro universo. Aunque estas partículas no te
importen lo más mínimo, cuando las estructuras que crean
penetran a través de tus sentidos e impactan en tus bloqueos
almacenados, sientes malestar ahí dentro. Tú eres el que hace
esto; las partículas subatómicas no pueden estar provocán-
dolo. Si deseas liberarte, en el momento en que notes alguna
alteración, suéltala. No esperes a que esa perturbación inicial se apodere de tu mente. Eres perfectamente consciente
de que estás empezando a alterarte antes de que la alteración se produzca. Es algo perceptible. Sientes cuando comienzas a sentirte molesto. Si quieres crecer espiritualmente, debes poner atención a ese momento.

Esta es la esencia del crecimiento espiritual. Si trabajas en ti mismo, crearás un hermoso espacio interno en el que vivir. Esto es un asunto más relevante que tu matrimonio o tu familia. Es más importante que tu trabajo o tu carrera. Estás trabajando en ti mismo de forma directa en lugar de indirecta. Si creas un hermoso ambiente interior, puedes tener un matrimonio, una vida familiar y un trabajo maravillosos. Pero si tienes un embrollo interno, solo estarás tratando de usar estas situaciones externas para estar bien. Esto puede funcionar durante breves periodos de tiempo, pero no te conviene construir tu casa sobre la arena. La alternativa consiste en que en el momento en que aflore ese material reprimido y sientas ese cambio interno, te relajes. Ni siquiera esperes a saber de qué se trata; simplemente relájate y suelta. Puedes trabajar con los samskaras a nivel energético en lugar de a nivel mental. Es una labor mucho más profunda. Hay bloqueos, pero no quieren estar ahí, lo que quieren es aflorar para ser liberados. La rendición es el acto de soltar en lugar de resistirse rechazando los bloqueos. Verás que no siempre resulta cómodo que surjan estas perturbaciones del pasado. Esos sucesos no te resultaron gratos cuando ocurrieron, por eso los apartaste. Ahora que están tratando de liberarse, ¿vas a rechazarlos de nuevo durante otros diez años? Si no trabajas seriamente en ti mismo, eso es lo que va a suceder.

Al final, te tomarás en serio que el propósito de tu vida es deshacerte de estos patrones almacenados. Los bloqueos del pasado te alejan de Dios, y te impiden desarrollar una vida hermosa. Así pues, aprendes a aplicar el mismo esfuerzo sincero que depositas en una relación o en ganar dinero en liberarte de estos bloqueos. Recuerda: no se trata de renunciar, sino de purificar. Se trata de limpiar el interior para que puedas tener una vida hermosa, tanto por fuera como por dentro. En algún momento de tu crecimiento reconocerás que para liberarte vale la pena pasar por la incomodidad de soltar las perturbaciones del pasado. Fíjate en lo que hacen los atletas que participan en las Olimpiadas. Pasan por un auténtico infierno durante años con el objetivo de ganar una medalla de oro. Cuando la consiguen, se sienten orgullosos de su triunfo durante un tiempo, ¿y luego qué? Esa medalla se convierte en un adorno en la pared. Pues bien, estamos hablando de poner una mínima parte de ese esfuerzo para ganarlo todo, y los frutos de tu esfuerzo serán duraderos. Imagina no tener esos bloqueos reactivos ahí dentro. Imagina poder disfrutar del mundo tal como se despliega a tu alrededor. Puedes empezar a apreciar la vida y a participar en ella sin reservas. ¿Qué valor tiene eso?

Esto es lo que sucede cuando estás dispuesto a soltar tu pasado. Se trata de una práctica espiritual fundamental. Deberías ser capaz de mirar tu pasado y decir: «Gracias». No importa lo que haya sucedido. Recuerda que en cada momento tienen lugar billones de cosas en el universo, pero tú solamente experimentas una de ellas. ¿Cómo no vas a apreciar esa por la que pasaste? Viniste a la Tierra y esa ha sido la experiencia que has tenido. En eso consiste tu vida, en la secuencia de experiencias que te ha tocado vivir. Aprende a amar y a valorar tu pasado. Acéptalo por completo, agradécele que te haya enseñado, y deja de juzgarlo y considerarlo erróneo. Tu pasado es exclusivamente tuyo. Ha sucedido. Es sagrado. Es hermoso. Nadie más lo ha tenido y nadie más lo tendrá. Acepta tu pasado, abrázalo, bésalo, ámalo con todo tu ser.

33
La meditación

EXISTEN UN GRAN NÚMERO de prácticas que pueden ayudarte en tu viaje espiritual. Mientras las llevas a cabo, recuerda siempre que tu intención es dejar de acumular bloqueos. Si los retiros de fin de semana te ayudan con el proceso de soltar, entonces adelante. Si cierta terapia te ayuda a abrirte y soltar, adelante. Una de las técnicas tradicionales para el crecimiento espiritual es la meditación. Para meditar es necesario que dejes de lado tu relación habitual con la mente y las emociones. Hay muchas formas de meditación, pero la base de todas ellas es prescindir de la adicción a centrarse en los pensamientos. Te concentras en la respiración, cuentas mentalmente, repites un mantra, sientes la energía… Es decir, te centras en cualquier cosa excepto en los pensamientos que surgen en tu mente. Con la práctica de la meditación, descubrirás que tu capacidad para soltar durante tu vida cotidiana se ve muy reforzada. Relajarse y soltar sobre el cojín de meditación es el mismo proceso que relajarse y soltar durante la actividad diaria. Con el tiempo, te darás cuenta de que tienes más claridad durante todo el día: siempre eres consciente de lo que ocurre interna y externamente. Esta claridad interior es uno de los regalos de la meditación.

Existen múltiples técnicas de meditación. Si no dispones de una, puedes probar esta sencilla práctica: establece el compromiso de sentarte durante un breve periodo de tiempo dos veces al día, preferiblemente a las mismas horas. Es necesario disciplinarse y dar prioridad a este trabajo interior sobre todo lo demás. La mayoría de la gente se las arregla para comer y dormir a ciertas horas al día; también consigue encontrar tiempo para sus responsabilidades laborales y sus relaciones. Pues bien, este trabajo interior sobre uno mismo es más importante que todo lo demás. Al final, afectará más a tu calidad de vida que todas las demás cosas que haces cada día. Numerosos maestros actuales afirman que meditar durante quince minutos por la mañana y por la noche constituye un buen punto de partida. Eso por sí solo generará grandes beneficios. Solo hay que reservar un tiempo para sentarse en un lugar tranquilo.

¿Qué haces durante ese tiempo? Una cosa que no debes hacer es esperar que tenga lugar una experiencia espiritual. Si albergas esa expectativa, te decepcionarás y dejarás de meditar. Te sientas en meditación por la misma razón que te sientas a practicar las escalas en el piano: para aprender. Si te sientas frente al piano con la esperanza de estar listo para tocar a Beethoven cuando te levantes del asiento, acabarás abandonando el instrumento. Lo mismo sucede con la meditación. La razón por la que te sientas a meditar es aprender a permanecer consciente en tu interior mientras tu mente genera pensamientos y de tu corazón brotan las emociones. Lo que sea que esté ocurriendo ahí dentro está bien, siempre y cuando puedas observarlo objetivamente. Esto se llama *meditación consciente*.

Supongamos que alguien dice: «No puedo meditar. Cuando me siento, la mente no se calla. No deja de parlotear». Eso es en realidad un buen estado: sabes que no eres tu mente. Lo cierto es que has observado el parloteo mental durante quince minutos y te has dado cuenta de que era incesante. Normalmente no notas eso. Más bien, te implicas en los pensamientos creados por la mente. Esta vez te has dado cuenta de ellos, así como del hecho de que no cesaban. Eso, en sí mismo, es una forma de la conciencia del testigo. Estabas presenciando los pensamientos en lugar de perderte en ellos. No llames a eso una mala meditación. Cuando practicas con el piano y cometes errores, eso no es una mala sesión de práctica. Cada sesión constituye un aprendizaje. De la misma manera, no existe una mala meditación; se trata de practicar siendo consciente de lo que está sucediendo ahí dentro.

Por supuesto, hay estados de meditación más elevados que el simple hecho de observar la mente, pero no debes albergar expectativas, ya que estas solo son otro viaje mental. Siéntate para aprender a estar presente y a trabajar en ti mismo. Puesto que se trata de un tiempo en el que no tienes tantas distracciones externas, puedes practicar el estar presente. Eso es todo. Es posible que no te guste lo que ves en tu interior, pero estás aprendiendo a estar presente con ello. Estás aprendiendo a estar en paz con aspectos que antes te sacaban de quicio.

Para comprender el propósito de las técnicas espirituales, debes darte cuenta de que eres adicto a tu mente. Tu adicción a la mente supera a la que tienen algunas personas a las drogas. De hecho, numerosas personas recurren al consumo de drogas para alejarse del incesante parloteo mental. Esa es también la razón por la que algunas personas empiezan a beber: vivir con la mente puede resultar insoportable. Si eres como la mayoría de la gente, es probable que seas adicto a cada palabra que surge de tu mente. Si tu mente dice de repente: «No me gusta esto, quiero irme», te vas. Si dice: «Creo que algo bueno saldrá de aquí, quiero permanecer un tiempo», te quedas. Estás absorto en tus pensamientos, y sigues aquello que dicta tu mente. En esencia, tu mente es tu gurú, y necesitas dar un paso atrás en esa relación.

Cambiar la relación con la mente constituye una parte importante del viaje espiritual. Esto no se consigue luchando contra la mente y oponiendo resistencia a los pensamientos. Se hace aprendiendo a no escuchar a la mente. Tú eres la conciencia, y la mente es el objeto de la conciencia. Debes ser capaz de retirar la atención de la mente, incluso cuando esté hablando. La forma más fácil de hacerlo es dirigir la atención hacia otra cosa. Una técnica de meditación muy común consiste en prestar atención a la respiración. Simplemente observa la respiración. Con el tiempo, verás que, si observas la entrada y salida del aire, dejas de centrarte en la mente. Si pruebas esta sencilla técnica de observar la respiración, tomarás conciencia de tu gran adicción a la mente. En un momento dado estás sentado observando la respiración sin distracciones y al instante siguiente te has perdido en tus pensamientos. Eso es lo que va a suceder. Puede que no seas capaz de permanecer sentado durante quince minutos observando la respiración. Bien, eso te muestra lo fuerte que es tu adicción a la mente.

Te desconcentras debido a que la conciencia se distrae con lo que dice tu mente. En otras palabras, has dejado de observar la respiración y has empezado a observar tu mente. En el momento en que te des cuenta de eso, no te desanimes. Simplemente vuelve a observar la respiración. El propósito es practicar el control de la atención para que vuelva a ser tuya. Aquello a lo que prestas atención determina tus experiencias en la vida. Deberías tener derecho a decidir conscientemente dónde centrar la atención. Hasta que no aprendes a distanciarte de la mente, no tienes elección: prestarás atención a todo lo que diga.

Hay un elemento más que puedes añadir a esta sencilla técnica de meditación. No te darás cuenta de inmediato de que has dejado de observar la respiración. Te perderás en la mente y quizá permanezcas distraído durante quince minutos. Para ayudarte a regresar a la meditación lo antes posible, en lugar de observar la respiración, cuenta las respiraciones. Simplemente en cada ronda de inspiración/espiración ve contando uno, dos, y así sucesivamente. Pero no cuentes hasta cien. Hazlo hasta veinticinco y vuelve a empezar. Así podrás darte cuenta lo antes posible de que te has distraído. Inspira/espira... Uno, inspira/espira... Dos, inspira/espira... Tres. Observa la entrada y salida del aire desde el abdomen. Permanece sentado observando la respiración mientras cuentas hasta veinticinco, y luego vuelve al uno. Si te percatas de que has llegado al cuarenta y tres, vuelve a empezar en el uno. No pienses en ello y simplemente comienza a contar desde uno. Ahora tienes una tarea que requiere que estés presente. Debes ser lo suficientemente consciente mientras observas la respiración como para saber que debes retornar al uno después de llegar a veinticinco. Para esto no es necesario el pensamiento, solo se requiere atención.

Algunas personas giran las cuentas de un mala durante la meditación, otras repiten mantras. Son diversas formas de ayudar a mantener la atención en algo diferente de los pensamientos errantes. Por tanto, la meditación resulta fácil, si entiendes que no se trata de tener experiencias espirituales.

Por favor, no te preocupes por eso. Solo practica el estar presente. Si haces esto de forma regular, descubrirás que eres
consciente durante el día cuando tus samskaras son estimulados. Solo será una cuestión de tu nivel de compromiso.
Cada vez que empiezas a alterarte, ¿estás dispuesto a relajarte y soltar? ¿O todavía necesitas pasar por otra tanda de expresión y defensa de tus bloqueos?

34
Afrontar los problemas más graves

LA PRÁCTICA ESPIRITUAL VERDADERA implica dedicar cada momento de tu vida a la liberación. La vida es tu verdadero gurú. Te presenta desafíos que te llevan a alejarte un poco más de Ti Mismo, o bien a regresar a ese ser que eres. La vida es tu amiga. Todo lo que sucede en ella constituye una oportunidad para ser mejor en la tarea de liberarte de ti mismo, de morir para nacer de nuevo. Si trabajas sinceramente en los objetivos sencillos, si te mantienes centrado en el asiento del Ser mientras se liberan los samskaras del pasado, te convertirás en alguien más consciente. Ya no tendrás que volver a centrarte después de una conversación difícil, sino que permanecerás centrado durante toda la experiencia. Al principio, esto resulta complicado. Sigue trabajando en ello. Conviértelo en el propósito más importante de tu vida, porque lo es. Realmente es la única forma racional de vivir tu vida. Esto no es ninguna técnica religiosa. Se trata de decidir despertar y florecer en tu vida.

A base de soltar constantemente acabarás alcanzando un estado de presencia permanente. Te establecerás en el asiento del Ser, y nunca más dejarás ese asiento durante el resto de tu vida, sea lo que sea que suceda, quién fallezca o quién te deje. Todas esas cosas pueden seguir ocurriendo, pero tú tendrás el poder de decidir qué hacer al respecto. Dispondrás de un tiempo que antes no tenías entre el suceso y tu reacción a él. Las cosas empiezan a desarrollarse como en cámara lenta, incluso los pensamientos y las emociones reactivas. Esto te da tiempo para relajarte y soltar.

Ahora estamos preparados para afrontar los problemas más graves. Al seguir soltando y quedar menos cosas pequeñas pendientes, los asuntos más serios irán aflorando por sí solos. Puede que empieces a tener sueños muy intensos. Tal vez mientras estés conduciendo aparezcan emociones poderosas sin razón aparente. Bien, no necesitas una razón para ello. Se trata simplemente de la energía, la shakti, que está tratando de salir a la superficie, al disponer de espacio para hacerlo. Es tu mejor amiga. Este flujo de energía interior está ayudándote, y siempre está tratando de ascender. No necesitas hacer nada, excepto seguir soltando. ¿Y si se producen circunstancias realmente graves? Se te incendia la casa, te despiden… Ciertamente, no son situaciones fáciles de sobrellevar. Si eres sincero en este camino, ¿qué haces? En primer lugar, sueltas. Lo primero que has de hacer siempre es liberarte de tu reacción humana. Si estás alterado y no puedes lidiar con la situación, ¿cómo podrás ser de utilidad entonces? Si no soportas la visión de la sangre, no podrás prestar ayuda en un accidente. Primero suelta tu reacción personal con el fin de ayudar todo lo posible en esa situación concreta.

Pongamos un ejemplo de la vida real. Recibes una llamada telefónica en la que se te informa que han encontrado drogas en la taquilla del colegio de tu hijo de dieciséis años.

En el mundo se producen situaciones difíciles como estas. Puede que no te guste, pero vas a tener que enfrentarte a ello. Tal vez tu mente se ponga en marcha: «¿Cómo ha podido hacerme esto? Dios mío, ¿qué habré hecho mal? Mi marido se va a cabrear muchísimo conmigo. Ya tenemos suficientes problemas en nuestra relación. Esto podría ser el fin de mi matrimonio. ¿Por qué me pasa esto a mí?». ¿Qué diablos tiene que ver todo ese melodrama personal con el problema de tu hijo? Esos son tus problemas y necesitas soltarlos. Se supone que no debes interactuar con el mundo externo basándote en tus bloqueos internos. Todo ese monólogo interior no tiene nada que ver con el problema en cuestión. Tiene que ver con el hecho de que esta situación ha impactado en tus bloqueos y ahora estás reaccionando a tus problemas en lugar de al problema de tu hijo. Si permites que eso ocurra, tomarás decisiones en función de lo que te haga sentir mejor, algo que probablemente no será lo mejor para esa situación concreta.

Si te tomas las cosas como algo personal, intentarás protegerte evitando las experiencias perturbadoras. Pero las situaciones difíciles presentan una oportunidad de cambiar esa dinámica. La manera de hacerlo es soltar toda la reacción personal ante la situación. Solo tienes que desprenderte de ella. No te deshaces de la situación, sino que te liberas de tu reacción a la situación. Acude al despacho del director, pero no para protegerte, sino porque tu hijo necesita tu apoyo. Acude porque el director necesita ayuda con la situación. Acude porque eres la madre y eres responsable de tu hijo. Haz todo lo posible por elevar la energía de forma constructiva. No podrás hacerlo si te centras en tu vergüenza, tus miedos y otras reacciones personales.

En definitiva, dejas de lado lo personal para poder interactuar adecuadamente con lo que tienes delante. Lo mismo ocurre en los negocios. Te encuentras en una reunión en la que se está debatiendo sobre un proyecto. Tú expones una idea brillante, pero la rechazan y eso te duele. Claro que sí. Tienes un ego ahí que va a enfadarse. Durante el resto de la reunión, o bien no aportas nada porque estás enfurruñado, o bien sigues presentando pruebas de que tu idea no estaba tan desencaminada. Ya no estás integrado en la reunión. Tu presencia se ha convertido en algo relacionado contigo, no con el proyecto. No es posible trabajar así. Tu motivación subyacente no puede tratar nunca sobre ti, sino sobre el modo de resultar de utilidad a lo que está sucediendo frente a ti. En la medida de tus posibilidades, siempre has de servir a la vida que se despliega ante ti.

El proceso de soltar se convierte en la forma de trabajar en ti mismo. Tu única decisión es: ¿vas a seguir soltando o no? Esa es tu elección. O trabajas en ti mismo de forma regular o no lo haces. Los bloqueos internos que generan pensamientos y emociones personales no son más que samskaras residuales. Están basados en asuntos del pasado que no supiste gestionar, y te llevarán por la dirección equivocada. Aprende a expresar tu Ser superior. Expresa la parte más profunda de tu ser que está en armonía con la vida.

Sigue soltando. El camino espiritual consiste en soltar. ¿Qué ocurrirá si haces esto? Lo exploraremos a continuación. Veremos lo que la vida está destinada a ser para cada uno de nosotros. Realmente no importa lo que te haya sucedido o lo que hayas hecho. Si sueltas los samskaras que has almacenado dentro de ti, dejarán de afectar a tu vida. Puedes ser auténticamente libre del pasado. Esto es lo que significa *vivir sin ataduras*. Significa soltar, trascender tu yo personal como enseñó Buda, morir para nacer de nuevo como enseñó Cristo. Es la esencia de todas las enseñanzas espirituales, y es la verdad. Todo el mundo es capaz de liberarse, si está dispuesto a hacer el trabajo interior necesario.

PARTE VIII

Vivir una vida de aceptación

35
Gestionar las energías bloquedas

UNA COSA ES SEGURA, TODOS SOMOS consciente internamente. La pregunta es: ¿de qué somos conscientes? Casi todo el mundo es consciente de que hay energías que cambian constantemente en su interior y que a veces pueden resultar abrumadoras. Aun cuando no comprenden esas energías, la gente las rechaza, o bien intenta liberarlas mediante su expresión externa, a fin de mantenerse a flote en la vida. Aunque ambas opciones generan otros problemas, son mejores que ahogarse por dentro.

Cuando la gente se ahoga en el agua, ¿qué hace? Intenta encontrar algo sólido como una tabla para no hundirse. Así es como la mayoría de la gente vive su vida. Se agarran a lo que sea para seguir flotando. Generalmente, a lo que se aferran es a algo externo a ellos mismos. Piensan que, si los demás les respetaran más y les trataran mejor, no estarían tan amargados. Si alguien les quisiera de verdad y se mostrara leal, entonces estarían bien. El problema estriba en que, si consiguen lo que quieren, se aferrarán a la vida sin soltarla nunca, lo cual origina problemas añadidos. Y lo que es peor, si el mundo externo deja de ofrecerles lo que desean, empezarán a ahogarse de nuevo.

Si quieres ver hasta qué punto te aferras al mundo externo para no ahogarte por dentro, solo tienes que ver qué pasa cuando la cosas no marchan como esperas. ¿Qué ocurre cuando alguien muy cercano a ti se comporta de una manera que no se ajusta a tu modelo? Tu mente y tu corazón se sublevan. Esto sucede incluso si esa persona en realidad no ha hecho nada. Lo único que hace falta es que tu mente piense: «¿Y si mi marido me deja? A Sally la abandonó el suyo. Si Sam me dejara a mí, me moriría». Eso es todo lo que se necesita para que sientas dolor e inquietud. Todas las energías se desestabilizan por dentro. ¿Por qué sucede esto? Esto se debe a que has estado tratando de construir un lugar de solidez en tu mente al que poder aferrarte. Mientras todo refuerce eso de algún modo, te sientes seguro y relativamente bien. Pero te has distanciado del núcleo de tu ser al aferrarte a algo externo. Eso es lo que hacemos, y no funciona. Si quieres crecer espiritualmente, si deseas tener una vida hermosa en lugar de una crisis de los cuarenta, necesitas hacer un trabajo interior.

La crisis de los cuarenta se produce cuando a pesar de haberte pasado media vida construyendo, aferrándote y luchando para estar bien, no lo estás. Simplemente no eres libre ni estás en paz por dentro, aunque tengas hijos, un matrimonio y un empleo. Resulta que las crisis de los cuarenta son perfectamente razonables. Es sorprendente que no haya más gente que las sufra. A mitad de tu vida, te das cuenta de que tus esfuerzos no han funcionado: todavía no estás bien. Claro, estás bien siempre que tu cónyuge se comporte como deseas, los niños vayan bien en el colegio y tú te hagas respetar en tu trabajo. Mientras todo eso ocurra y tu situación económica se mantenga estable, estás condicionalmente bien. Pero por dentro sabes que todo puede cambiar en cualquier momento, así que debes seguir luchando para seguir adelante. Por eso la vida se convierte en una lucha.

La alternativa es despejar el barullo interno. Algún día te darás cuenta de que no estás ahogándote. Simplemente te encuentras en un planeta que gira en medio de absolutamente ninguna parte. Esa es la verdad del asunto. La sonda espacial Cassini tomó una fotografía de la Tierra desde más de tres millones de kilómetros de distancia. La Tierra es solo un diminuto punto en medio del espacio oscuro y vacío. ¿Cómo puedes haber ido a parar al planeta más bonito que existe y no estar bien? Hemos buscado a lo largo y ancho con nuestros telescopios espaciales, y no hemos encontrado nada en ninguna parte comparable a la majestuosidad de la Tierra. Básicamente, ¡te ha tocado la lotería! Has venido a parar a este extraordinario planeta que es siempre emocionante, y está repleto de desafíos y oportunidades de crecimiento. Posee todo tipo de colores, formas y sonidos: es absolutamente sorprendente. Sin embargo, ¿qué haces? Sufres. ¿Por qué? No es el planeta el que te hace sufrir, sino todo aquello que has almacenado en tu interior.

La pregunta lógica que sigue es: ¿por qué guardas todas esas cosas? Y en caso de acumular algo, ¿por qué no hacer que sea bello? La gente colecciona todo tipo de objetos como pasatiempo. Algunos coleccionan cucharas, tazas de té, sellos o monedas de todo el mundo. Tú, en cambio, tuviste una idea brillante: coleccionar malas experiencias. Así pues, te pusiste a ello: «Voy a coleccionar todas las malas experiencias que he tenido y guardarlas dentro de mí para que puedan molestarme el resto de mi vida». ¿Cómo puede salir bien algo así? Si sigues haciéndolo, vas a seguir acumulando más y más experiencias negativas, y tu vida te resultará cada vez más pesada.

¿De verdad vas a seguir complicándote la existencia? *En esencia, estás haciéndote infeliz a ti mismo, y luego exiges que el mundo externo te dé la felicidad de alguna manera.* El mundo no puede hacerte feliz mientras tú estés haciéndote infeliz internamente. Es así de sencillo. Tienes que trabajar en soltar la causa principal del sufrimiento. El camino espiritual consiste siempre en soltar, y eso significa trabajar con las energías bloqueadas.

Las energías que permanecen bloqueadas en el interior van acumulándose y necesitarán una vía de escape si no te ocupas de ellas. Pueden liberarse en forma de ira, confrontaciones verbales o físicas, y otros estallidos incontrolados. Cuando dejas que estas energías se liberen de esta manera, no las controlas y tenderán a seguir el camino de menor resistencia, según lo determinado por los samskaras. Cuando permites que esto suceda, la energía incontrolada forma canales internos que facilitan que fluya de nuevo en esa dirección. El flujo de energía se convierte en un hábito. No solo es poco recomendable «perderla» de ese modo debido a lo que puedas llegar a decir o hacer, sino que además se incrementa la posibilidad de volver a perderla de la misma manera en otras ocasiones. Esto puede causar todo tipo de situaciones problemáticas. Siempre que no controles lo que sucede ahí dentro surgirán problemas. Es así de sencillo.

Comprender este proceso de bloqueo y posterior expresión de las energías nos ayuda a tener compasión por nuestras propias conductas pasadas, así como por las de los demás. La compasión implica comprender la causa principal del comportamiento humano. La gente tiene problemas para manejar sus energías bloqueadas y, en la mayoría de los casos, no se les ha enseñado a canalizar estas energías a un nivel superior. Lo cierto es que existe un nivel superior de nuestro ser en que las energías inferiores pueden ser elevadas. Tienes acceso a una forma mucho más constructiva de tratar con las energías internas que simplemente hacerte a un lado y dejar que se expresen. No quiere decir esto que deban reprimirse. Las opciones disponibles no se limitan a la expresión o a la represión. Como exploraremos en el siguiente capítulo, existe una tercera opción, la transmutación, y es ahí donde interviene la verdadera espiritualidad.

36

La transmutación de la energía

L A REPRESIÓN BLOQUEA LA ENERGÍA interior, mientras que una expresión no canalizada desaprovecha su poder. La forma más elevada de usar la energía es la *transmutación*. La mayoría de la gente no sabe nada sobre la transmutación de la energía y, sin embargo, constituye la esencia de la espiritualidad. Actualmente el flujo natural de energía está bloqueado por los samskaras almacenados en tus centros energéticos inferiores. Cuando la energía trata de liberarse, la empujas hacia abajo, o bien permites que se exprese un poco externamente. Esta liberación externa no resuelve nada a largo plazo: la energía volverá a acumularse en torno a los bloqueos. Se trata de una liberación temporal, debido a que no se ha afrontado la causa del bloqueo energético.

¿Y si consideraras ese intento de ascensión de la energía una oportunidad para deshacerte del bloqueo en el que impacta? La energía va a tratar de liberar el samskara apartándolo del camino. El problema es que, si el bloqueo se almacenó con dolor, volverá a aflorar con dolor. En lugar de empujarlo de nuevo hacia abajo por no ser capaz de manejar la experiencia, o expulsar esa energía al exterior de forma incontrolada como una forma de alivio, puedes relajarte y soltar a un nivel tan profundo que permitas que el bloqueo pase a través de ti sin resistencia. Eso es lo que significa la *transmutación de la energía*. Implica emplear la energía ascendente como una fuerza positiva permitiendo que limpie lo que la estaba bloqueando.

Esta es la forma más elevada de trabajar con la energía interior: empléala para tu crecimiento espiritual. Úsala para soltar los bloqueos que te mantienen atrapado. Son esos bloqueos los que te causan sufrimiento. Solo te permiten estar bien si las cosas son de cierta manera. Esto genera malestar, ansiedad y miedo a la vida. Ese malestar lleva a la gente a buscar todo tipo de distracciones, lo que solo provoca más confusión. Todos conocemos este ciclo de alteración y alivio temporal. Ahora sabes que hay una forma mucho más elevada de vivir. Si estás dispuesto a soltar los bloqueos, con el tiempo la energía encontrará el modo de ascender. Apartará los samskaras del camino y antes de que te des cuenta habrás dejado de identificarte con tu forma de ser anterior. Esto es especialmente cierto en lo que se refiere a cómo tratabas a algunas personas de tu entorno. Desearás poder volver atrás y decir: «Lo siento mucho. Estaba muy perdido». Te darás cuenta de que establecías relaciones a fin de dar con la manera de encontrarte más a gusto contigo mismo. Una vez que los bloqueos comiencen a despejarse, la energía se dirigirá hacia tu corazón, y eso te reconfortará y te sustentará. Las relaciones se centrarán naturalmente en el amor y el cuidado, y todas ellas estarán basadas en el servicio a los demás. Ya no girarán en torno al control ni al modo de conseguir algo que necesitas. Esto es lo que sucede cuando la energía tiene vía libre para ascender internamente.

Si liberas los bloqueos, la energía ascenderá de forma natural. No tendrás que luchar contra ella: la energía quiere subir. Recuerda siempre que la energía quiere subir. No hay que forzarla. Para un crecimiento espiritual a largo plazo es mejor que se permita su ascensión de forma natural. Cuando elimines los bloqueos, sentirás un flujo de energía ascendente constante. Con el tiempo, te darás cuenta de que la shakti desea expresar algo tan hermoso que te dejará sin aliento. Empezarás a conocer una paz que «supera todo entendimiento» (Fil. 4:7). No necesitarás nada. Tu estado natural será sumamente hermoso; te sentirás completo y pleno interiormente. Todo depende de tu disposición para trabajar con las energías. Si lo haces, la shakti ascenderá más y más hasta que al final fluirá como fuentes de alegría que alcanzan los centros energéticos superiores. A medida que esto sucede, tu relación con este mundo en que vivimos se transformará en algo muy hermoso. Aquello que estabas tratando de conseguir en el exterior ahora estará sucediendo naturalmente en tu interior. Te llenarás de amor y éxtasis. De nuevo, Cristo describió esto como: «No solo de pan vivirá el hombre, sino de toda palabra que sale de la boca de Dios» (Mateo 4:4). Tendrás un flujo perpetuo de energía que te alimentará desde el interior.

La transmutación del flujo energético interior es la respuesta a todos los males del mundo. Si la gente se sintiera completa por dentro y se alimentara del flujo constante de amor y paz profunda, no se atacarían mutuamente. ¿Por qué matar, robar o hacer daño a alguien cuando estás satisfecho contigo mismo? La gente se ve impulsada a luchar en el mundo externo debido a sus propios conflictos internos. Esa es la única razón por la que necesitamos tantas normas y leyes. Las personas abandonadas a su suerte crean grandes problemas luchando con sus perturbaciones internas. Hay algo mucho más elevado dentro de nosotros, y resulta que es nuestro estado natural. Eres un ser hermoso e impresionante. Pero no puedes reflejar esa belleza si no estás bien. Por muy hermoso que seas, si estás tratando de no ahogarte y mantenerte a flote, no vas a parecer tan hermoso. Para dejar de luchar de una vez por todas, debes trabajar en deshacerte de los bloqueos.

Un ser espiritual ve la vida de la siguiente manera: «Bajé al planeta Tierra por un corto periodo de tiempo, y estas son las experiencias que me tocó vivir. Aunque fueron un reto importante, las afronté y estoy mejor gracias a ellas». No reprimes tus problemas y no permites que se conviertan en la base de tu vida. Un problema del pasado es solo una de las muchas cosas que sucedieron para ayudarte a crecer. No necesitas saber por qué ocurrió. No necesitas analizar su causa y efecto desde un punto de vista kármico. Todos los días pasan todo tipo de cosas, y no entiendes por qué suceden. Sin embargo, te sientes cómodo manejándolas. Solo insistes en comprender los acontecimientos que no puedes manejar adecuadamente. La comprensión se convierte en una muleta, una forma de racionalización. Si la mente no puede encajar un suceso en su modelo conceptual, insiste en saber por qué ha tenido lugar. Es mejor aceptar primero la realidad y luego trabajar con ella de forma constructiva.

Tú eres el Ser. Eres el testigo consciente de todo lo que sucede ante ti. Habitas en lo más profundo de ti mismo, y nada allí es más poderoso que tú. Tienes libre albedrío; empléalo para aceptar lo que ya ha acontecido, en lugar de dejar que los sucesos pasados estropeen el resto de tu vida. Libérate de esos samskaras. Transmuta tu flujo energético bloqueado en una poderosa fuerza espiritual.

37
El poder de la intención

E RES CAPAZ DE SOLTAR a un nivel muy profundo si realmente lo deseas. No es una cuestión de capacidad, depende de la intensidad de la intención. El trabajo interno es diferente del externo. En el mundo exterior hay cosas que no puedes realizar debido a las limitaciones físicas. Por mucho que lo intentes, no te es posible levantar una montaña o correr a la velocidad de la luz. Tienes limitaciones físicas. Pero en tu interior no estás sujeto a esas restricciones porque no hay ningún aspecto físico en el Ser. Eres conciencia pura, y tu voluntad tiene completo dominio sobre la mente y las emociones.

Como hemos visto, la mayoría de tus pensamientos y emociones son creados por los bloqueos que tienes almacenados en tu interior. Estos bloqueos son tuyos, y puedes soltarlos cuando quieras. Una vez más, el problema es que, dado que se almacenaron con dolor, van a liberarse con dolor. Ahí es donde entra la fuerza del compromiso. ¿Deseas ser libre para vivir una vida profunda y hermosa más de lo que quieres evitar el malestar? Numerosos drogadictos han soportado los efectos de la abstinencia para recuperar sus vidas. Sucede como en el dicho: donde hay voluntad, hay un camino. Puedes dejar que tus bloqueos desaparezcan, si realmente quieres hacerlo. ¿Qué estarías dispuesto a atravesar para tener una relación amorosa más satisfactoria, un estado de bienestar constante y la capacidad de sentir la presencia de Dios fluyendo a través de ti en todo momento? ¿Cómo responderías a esta pregunta? ¿Te echarías atrás diciendo: «Estoy demasiado ocupado y no me gusta el malestar»? ¿O aceptarías el desafío y dirías: «Cualquier cosa. Estaría dispuesto a pasar por cualquier cosa para vivir en ese estado de forma permanente»? Por suerte, tienes la capacidad de lograrlo; ese no es el problema. Pero, ¿tienes la fuerza de voluntad para emprender el profundo viaje espiritual hacia la liberación?

La voluntad es como un músculo: se desarrolla ejercitándola. Así pues, practica el decirte a ti mismo: «Yo mando aquí. Este es mi hogar. Soy su único morador y tengo derecho a hacer de mi casa un lugar agradable donde vivir». No se trata de convertirse en un maniático del control, se trata de aprender a rendirse. La rendición no consiste en reprimir ni en controlar. La rendición consiste en desprenderte de la debilidad y estar lo bastante comprometido como para llevar a cabo tu propósito. Rendirse es gestionar cualquier cosa que necesite ser liberada en el interior y dejar que pase a través de ti. Recuerda que fuiste tú quien se resistió a los sucesos pasados voluntariamente, lo cual hizo que los samskaras se almacenaran. ¿Por qué no aprendes a relajarte y soltar para ir despejando bloqueos y poder experimentar el hermoso flujo de energía interior tal como se supone que debe ser?

Si te dedicas a soltar tus bloqueos, no solo conseguirás vivir en un estado interior elevado, también te convertirás en una bendición para la Tierra. Cualquier lugar al que acudas, cualquier cosa que hagas, será una bendición para los demás. Si te comprometes con este proceso cada día, lo conseguirás. Reserva algún tiempo para recordarte quién eres y para reavivar tu compromiso de limpieza interior. Las prácticas matutinas y vespertinas te ayudarán a hacerlo. No tiene que ocuparte mucho tiempo, solo el suficiente para relajarte y soltar, regresar al centro, y recordar que debes emplear cada momento de tu vida para desprenderte de tus bloqueos. Si haces eso, el resto sucederá por sí solo. Se trata de un proceso natural que seguirá su curso.

Recuerda siempre que el trabajo del espíritu es liberarte de ti mismo. La shakti quiere ser libre, pero tú te interpones en su camino. Cuando la shakti empieza a empujar los bloqueos hacia arriba, tu tendencia será arrastrarlos de nuevo hacia abajo porque no resulta cómodo vivir con ese fuego interior. Almacenas allí perturbaciones pasadas y no es agradable que algo las remueva. Imagina que estás manteniendo una conversación durante la cual te sientes fuerte y confiado. De repente, tu interlocutor dice algo que impacta en tus bloqueos, y empiezas a sentir que toda tu fuerza se disipa. Si eres sincero, emplearás la situación para tu crecimiento. No es momento de discutir con esa persona; es momento de crecer espiritualmente. Tranquilo y centrado, te preguntas a ti mismo: «¿Qué está pasando dentro de mí? ¿Qué bloqueo ha causado este cambio energético?». Luego, a fin de aprovechar la situación para el crecimiento, te relajas y permites que la energía empuje el bloqueo hacia arriba. No tienes que hacer nada, excepto abstenerte de interferir en el proceso. La shakti se encargará de hacerlo salir; tu tarea consiste en soltar.

Para acordarte de hacer esto en ese momento preciso, establece la práctica de recordar tu intención cada mañana: «El propósito de hoy es soltar mis bloqueos y evolucionar espiritualmente». Luego, cada noche, recuerda: «El propósito de este día ha sido soltar mis bloqueos y evolucionar espiritualmente». Nunca te quejes de lo que haya acaecido, simplemente libera los sucesos del día interiormente para que no dejen samskaras. No permitas que nada se quede atascado ahí dentro. Una vez que hayas adquirido pericia en esta tarea, podrás hacerlo durante todo el día. Actúa de la mejor manera posible en cada interacción, y luego suéltala. Recuerda siempre lo que está sucediendo: estás ahí dentro, y está ocurriendo algo que hace que se produzca un cambio energético. Tu tendencia es apartarlo si no te gusta o aferrarte a ello si es de tu agrado. Es como si tuvieras manos ahí dentro y las usaras para intentar controlar la experiencia interior. Rendirse significa no hacer eso. Cuando la energía cambia, estás preparado y eres capaz de permanecer en el asiento de la conciencia, y sencillamente soltar.

Tu interacción con esa energía es similar a cuando tomas la decisión de dejar de fumar o romper cualquier otro hábito: vas a sentir la tentación de retomarlo. Es como una atracción magnética que te impulsa en esa dirección. Ocurre igual cuando algo estimula un bloqueo: tiene un poder que te atrae hacia él. Necesitas ver eso. Tienes que darte cuenta de que sigue tirando de ti y que a veces no te deja en paz. Eso no es malo, al contrario, resulta positivo. Solo has de relajarte más. Se trata de relajarse. Si empleas la voluntad para relajarte, no podrás utilizar tus manos interiores para alejar la energía o aferrarte a ella.

Algún día sucederá algo que te recordará esta exploración. Algo se despertará en tu interior y sabrás de qué hemos hablado. Observarás que la energía tira de ti y tratarás de soltarla. Por primera vez te darás cuenta de lo que está ocurriendo realmente: estás luchando contigo mismo. Tú eres las dos partes de la lucha. Una parte de ti quiere soltar, pero otra quiere ceder a la atracción de la energía. Una vez que desees sinceramente soltar esos antiguos flujos de energía habituales, te darás cuenta de que tienes todo el poder que necesitas en tu interior. Tú eres el único que vive ahí dentro. Solo debes relajarte profundamente y dejar de luchar contigo mismo. En ese momento va a suceder algo increíble: toda la energía que estaba tirando de ti hacia abajo y hacia fuera cambia de dirección. Comienza a dirigirse hacia adentro y hacia arriba. Se trata de la transmutación de la energía, y es un fenómeno real. A medida que la liberación se convierte en el sentido de tu vida, este proceso interno se intensificará significativamente. Una vez que aprendas que tu centro de intención es más fuerte que cualquiera de los flujos de energía habituales causados por tus samskaras, permanecerás en un estado de quietud interior, en el asiento de la conciencia, y dejarás que el proceso de purificación tenga lugar. Cada día, cada momento, tienes la oportunidad de explorar la grandeza de tu ser.

Soltar no es una lucha o un acto de control. Es mucho más sutil que eso. Quizá esta analogía te ayude. Imagina que participas en un juego de tira y afloja. Tú estás solo en un extremo de la cuerda y hay un equipo de fútbol en el otro extremo. Te encuentras en un gran atolladero. La fuerza que tira en la dirección opuesta, la del equipo, es muy fuerte. Conoces técnicas más novedosas acerca de cómo clavar los talones, cómo aprovechar mejor el peso corporal, y todas las demás recomendaciones que suelen darse para mantenerse firme en tales circunstancias. Pones en práctica todos esos métodos, pero no te funcionan.

De repente, aparece Yoda, el gran sabio de *La guerra de las galaxias*, dispuesto a echarte una mano (él cree que todo el mundo se llama Luke).

Yoda: Luke, esa no es la forma de hacerlo. Suelta. Suelta, Luke.

Luke: ¿Qué quieres decir con «suelta»? Si lo hago, me arrastrarán por el barro de cabeza.

Yoda: Suelta, debes soltar.

Luke: No lo entiendo. ¿Cómo voy a soltar cuando esta enorme fuerza está tirando de mí?

Yoda: Relaja las manos, Luke. Relaja las manos.

Luke: No, las manos no; tengo que relajar los pies, las piernas y la posición del cuerpo. Así es como puedo acabar con este tira y afloja.

Yoda: Se acabará, Luke, si relajas las manos.

Resulta que es cierto. Si relajas las manos durante un tira y afloja, la lucha se acaba de inmediato. No hay más cuerda. No hay más tirón. Por mucha que sea la fuerza, si relajas las manos, puedes irte a casa a comer. Y resulta que eso es lo que querías. ¿Quién dijo que tenías que llevarte a todo el equipo de fútbol contigo? Solo relájate y suelta, y toda la lucha habrá cesado. Eso es exactamente lo que es rendirse. Estás ahí, y la energía está arrastrándote hacia ella. Por favor, no luches contra ella. Solo relaja tus manos interiores y suelta. Si esto suena muy zen, perfecto, porque lo es. No necesitas ser fuerte; necesitas ser una persona sabia. La energía bloqueada no puede llevarte a ninguna parte si simplemente te relajas y sueltas.

Con el tiempo, descubrirás que hay un espacio en tu interior que se encuentra detrás de la conmoción de la tormenta. Puedes simplemente relajarte y regresar allí. Se trata del lugar desde el que percibes la agitación interior, un espacio tranquilo de quietud donde nunca hay tormentas. Ese es el asiento del Ser. *No es que encuentres el camino de vuelta al Ser; simplemente dejas de alejarte de él.* Si trabajas en ello, llegarás a un hermoso estado interior que siempre está ahí para ti. Es un espacio de acogida, y lo único que necesitas hacer para acceder a él es seguir soltando. Esa es una vida de rendición.

38

Explorar los estados superiores

UNA VEZ QUE YA NO TE AHOGAS interiormente, vivir una vida diferente es posible. Ahora podemos empezar a hablar de quién eres, y de los cambios que puedes esperar ahí dentro. A medida que los bloqueos se liberan, la energía ya no tiene que rodearlos. Empiezas a sentirte más feliz. Empiezas a sentirte más elevado. Empiezas a sentirte como cuando en otra época tenías un día realmente bueno o una experiencia especialmente positiva. Pero esta vez no ocurre nada especial. Solo sientes una energía que te levanta el espíritu y que se eleva cada vez más. Empiezas a sentir amor simplemente porque el cielo es azul. Antes era necesario que se produjera un momento especial en una relación para asombrarte de esa manera. Todo lo que sucede pasa a través de ti y lo experimentas a un nivel más intenso y profundo. Esto se debe a que estás más abierto, más receptivo. No tienes las necesidades y los problemas que estabas tratando de resolver. Dado que te has liberado de la conmoción interior, y te sientes más pleno y completo, no hay nada que necesites del exterior. Empiezas a ver las necesidades desde una óptica completamente distinta.

La satisfacción de las necesidades era tu prioridad anteriormente. La mayoría de nuestras necesidades modernas son psicológicas, no fisiológicas. Las necesidades psicológicas son en realidad antinaturales, ya que indican que algo falta o está mal. Si te sientes completo y pleno internamente, no hay necesidades psicológicas, ya que estas provienen de tus bloqueos. Cuando la energía se libera, lo que sientes es amor, alegría y entusiasmo, que no son más que diferentes formas de designar esa energía vivificante. En el sentido más puro, esta energía ascendente es muy diferente de las emociones. Una emoción surge del corazón y te atrae hacia su vibración. El entusiasmo es algo que se derrama en tu interior. Se trata de un flujo espontáneo de energía inspiradora que abarca todo el organismo. Es, de hecho, shakti liberada.

Cuando tus energías están liberadas, no necesitas energía de nadie más. Dispones de tanta energía interior que resulta inconcebible. Seguramente habrás tenido la experiencia de un repentino estallido de energía interior cuando se ha cumplido algo que deseabas mucho. Pero ¿cuánto dura? Una milmillonésima de segundo. Imagina que te sientes decaído y no estás nada bien. De repente, ocurre algo. Tal vez recibas una llamada telefónica que te incita a hablar y sonreír: hace que tu energía fluya. La energía siempre estuvo ahí, pero te has abierto porque la llamada telefónica te ha resultado gratificante. Un bloqueo se ha quitado de en medio temporalmente, y esa energía ha podido fluir hacia arriba. La verdad es que, si ese bloqueo no se hubiera interpuesto, no habrías necesitado esa llamada telefónica para abrirte. Por eso haces el trabajo interior de liberar los bloqueos.

A medida que los bloqueos se liberan, la energía te conduce a estados cada vez más elevados. Ya sabes lo que son los estados superiores. Tienen que ver con el amor. Tienen que ver con el entusiasmo por tu trabajo y por cualquier otra cosa que hagas. Las energías superiores son hermosas. Son mucho más bellas que la expresión de las energías inferiores. A medida que te abres, la vida ya no consiste en buscar estados que no sean negativos, sino en alcanzar estados positivos cada vez mayores. Antes el crecimiento consistía en dejar de sentir ira o ansiedad. Ahora se trata de sentir un amor tan inmenso cuando te despiertas por la mañana que hasta te cuesta salir de la cama, pero luego el sentimiento de entusiasmo ante la perspectiva de un nuevo día de trabajo es tan arrollador que te saca de la cama y te impulsa a lo largo del día. Esto es lo que se siente cuando la energía fluye.

La mayoría de la gente no cree que la vida pueda ser así. Creen que deben encontrar el empleo perfecto para que les entusiasme su trabajo. ¿Cómo defines «el empleo perfecto»? Se trata de aquel que te produce un estado de apertura. Expresado de otro modo, aquel que se ajusta a tus bloqueos de forma adecuada para que la energía fluya. El problema es que si ese mismo trabajo se ajusta a tus bloqueos de forma incorrecta te cerrarás. De este modo, sigues dejando que tus samskaras dirijan tu vida. No es una cuestión de encontrar el puesto ideal, sino de liberar los bloqueos para así poder sentir entusiasmo con el trabajo que tienes.

Por muy alto que llegues, siempre podrás subir mucho más arriba. No creas a quienes afirman que no es posible disfrutar de la felicidad, si no conoces también la tristeza. Eso no es cierto. Así es la vida cuando todavía estás bloqueado. Una vez que te hayas liberado de los bloqueos, descubrirás que la energía es siempre hermosa. Es un torrente de alegría siempre nuevo que eleva tu corazón, tu mente y todo lo que hay en tu interior. Serás más consciente que antes y sentirás el entusiasmo de un niño por todo lo que hagas.

Tal vez te preguntes cómo encontrar la motivación para hacer algo cuando te sientes tan satisfecho. ¿Por qué molestarse en tener un trabajo o incluso una relación, si ya te sientes tan henchido de amor y felicidad? La respuesta es sencilla: el amor desea expresarse y el entusiasmo, crear. Una vez que la energía deja de estar bloqueada y fluye libremente, las necesidades personales dejan de ser tu finalidad. Tus acciones son la expresión del amor y la gratitud por la vida. Toda tu vida se convierte en un acto de servicio.

Incluso tus relaciones se convierten en actos de servicio a otros seres humanos. Aunque no necesitas nada de una relación, al amor le encanta expresarse. Si albergas un amor inmenso en tu interior, la gente se sentirá atraída por ti. No tienes que preocuparte por atraer a alguien o por hacer que mantenga su interés en ti. La gente se siente atraída hacia la luz. Es muy natural. Si hay alguien especial en tu vida, lo colmas de amor día y noche, sin esperar nada a cambio. El amor es un regalo excepcional: resulta igual de hermoso tanto para quien lo da como para quien lo recibe.

La vida se vuelve sencilla una vez que estás bien por dentro. No haces las cosas por los resultados que deseas obtener; cada momento es pleno y completo en sí mismo. Llegas al punto en que no hay nada más sagrado que el espíritu que fluye en tu interior. Puede haber momentos de alteración, pero no tienes que hacer nada al respecto. Van y vienen, y no afectan al flujo de energía, a menos que tú lo permitas. Te darás cuenta de que esta energía interior sabe lo que está haciendo. No solo es hermosa, sino también inteligente. Si se lo permites, lo arreglará todo. La energía ascendente hará todo el trabajo interior por ti. Tu única tarea es no interferir, rendirte.

Profundicemos aún más para ver qué sucede a continuación. La energía que fluye en tu interior es tan hermosa que tu conciencia se siente naturalmente atraída por ella. Lo que estás experimentando es todo lo que siempre habías esperado sentir en lo externo y que solo pudiste saborear por un instante. Te enamoras por completo del flujo de energía espiritual. Una vez que te alimentas del flujo interior, tu vida exterior estará bien. Antes de eliminar los bloqueos, necesitabas que el mundo fuera de cierta manera para estar bien. Esto creaba una lucha diaria con la vida. Cuando sueltas lo suficiente para despejar el flujo de energía interior, el conflicto cesa. Tienes la experiencia directa de que todo lo que siempre quisiste está fluyendo en tu interior, y la lucha prácticamente habrá concluido.

La atracción por el flujo incondicional de energía interior constituye una maravillosa relación de amor. De hecho, la Biblia dice: «Y amarás al Señor tu Dios con todo tu corazón, con toda tu alma y con todas tus fuerzas» (Deut. 6:5). Ahora tú lo estás haciendo. Ese es el último mandamiento del Antiguo Testamento, y Jesús lo repitió en numerosas ocasiones. Ya no tienes que preocuparte por cómo «amar a Dios» porque lo que fluye en tu interior es el espíritu, y lo amas con todo tu corazón de forma natural. Te gusta mantener un estado elevado y el espíritu representa su máxima expresión. Se trata de un estado más elevado del que cualquier droga podría inducirte. Es más elevado que el estado al que cualquier relación te pueda llevar. El amor y la alegría que aporta serán inagotables a menos que tú los limites. Ese río fluirá por cada momento de tu vida a menos que pongas un dique. Pero ahora has aprendido. Una vez que la energía ha empezado a fluir espontáneamente, no intervienes en ella. Únicamente la respetas, la honras y la valoras. Dices interiormente: «Gracias», y sigues soltando. Esto se convierte en tu única oración: *gracias, muchas gracias*.

Ahora que la energía fluye en ti, irá eliminando el resto de bloqueos. Esto no ocurrirá de inmediato; debes estar dispuesto a dejarlos salir de forma natural. La shakti hará salir los samskaras si se lo permites. Toda tu vida se convierte en espiritual y girará en torno al espíritu. Descansas en el hermoso flujo de la energía, y esto te proporciona la fuerza para soltar lo que necesita salir. Con el tiempo, aprendes a disfrutar de cada momento de este viaje. Está liberándote y conduciéndote hacia Dios.

Cuando te familiarizas con el flujo de energía ascendente, vives un estado de satisfacción verdadera. Estar satisfecho no significa ser perezoso. Quiere decir que no sientes ninguna perturbación interna. Lo que sucede dentro de ti es tan hermoso que, por primera vez en tu vida, te sientes completamente en paz. No buscas nada. Si observas el mundo externo, ves lo que hay, no lo que quieres o no quieres que haya. La relación con el exterior no estimula ninguna preferencia dentro de ti. Simplemente llega, pasa a través de ti y te deja como te encontró, en un estado de bienestar extático.

39

Estar en el mundo sin ser del mundo

Una vez que hayas alcanzado un nivel profundo de claridad interior, te darás cuenta de que estar satisfecho con la realidad no significa dejar de interactuar con ella. El mundo externo sigue apareciendo ante ti, pero ya no hay nada personal en él. Se trata solamente de la parte de la creación que pasa ante ti en ese momento. La realidad no te molesta porque no necesitas nada de ella. Simplemente existe y tú simplemente existes, en perfecta armonía. Cada momento que se despliega ante ti está ahí para que lo atiendas. Puede tratarse de algo tan sencillo como valorarlo, o es posible que seas capaz de elevar su energía. Una sonrisa, una palabra amable, una mano amiga… son todas formas de elevar la energía que pasa. Hacer tu trabajo lo mejor posible, cuidar de tu familia, servir a tu comunidad: estos actos sencillos constituyen un servicio al universo como cualquier otro.

Imagina que estás dando un paseo y ves un papel tirado en el suelo. Sientes la falta de armonía inherente y lo recoges. No haces esto desde un «tengo que» o un «se supone que»; simplemente eres un artista que contribuye a que el mundo sea más hermoso. Tu mente no dice: «Vale, recojo este papel, pero no pienso hacer lo mismo con toda la basura que vea». Tampoco dice: «¿Qué idiota habrá tirado este trozo de papel aquí? Este tipo de individuos son los que destruyen el mundo». No. Simplemente eres un ser espontáneo que está en armonía con la vida. No esperas nada a cambio de tus acciones porque no actúas para obtener aprobación ni reconocimiento. No puedes evitar compartir la hermosa energía que fluye en tu interior con el momento que tienes delante. *La vida más elevada que puedes tener se produce cuando cada momento que pasa ante ti es mejor por el hecho de haber tenido lugar.* Presta servicio al momento presente con todo tu corazón y toda tu alma. Imagina cómo sería el mundo si todos hiciéramos eso.

Empieza por elevar lo que aparece ante ti. Si ni siquiera puedes resultar de ayuda a lo que tienes delante, ¿cómo vas a cambiar el mundo? Si te inquieta tanto el estado del mundo que te muestras irritable con todos los que te rodean, no estás ayudando a nadie. Si no puedes crear armonía en tu propio hogar, ¿qué derecho tienes a quejarte de que los países se disparan misiles entre sí? Tu vida ha de ser de tal modo que, si todo el mundo la viviera, habría paz. Si no puedes hacer eso, estarás formando parte del problema, no de la solución. Se trata de liberarte de ti mismo. El mundo externo va a llegarte, y va a impactar en lo que quede de tus samskaras. Lo que sientes en tu interior cuando eso ocurre es energía reactiva. No actúes nunca basándote en eso, ya que solo estarás contaminando el ambiente con tus bloqueos internos. Nada bueno puede salir ahí.

Una vida espiritual no consiste en adherirse a un determinado conjunto de reglas, sino en no actuar nunca desde tu energía personal. No serás capaz de lograrlo al principio, así que trabaja en ello. Cuando la energía sufra una alteración, suéltala. Tu reacción inicial será, por lo general, la aparición de tus tendencias personales. Si las sueltas, podrás interactuar con el momento que tienes delante de una manera más constructiva. Simplemente pregúntate: «¿Hay algo que pueda hacer para serle útil a este momento? No para mí mismo; ya me he desprendido de mí. Ahora que tengo claridad y no reacciono, ¿hay algo que pueda hacer para elevar este momento que pasa ante mí?».

Una vez que aprendas a dejar de lado el ruido reaccionario de los pensamientos y las emociones personales, todo se aclarará. Sabrás cómo trabajar con la situación que tienes delante. Si eres consciente, estás presente y prestas atención, sabrás qué hacer. El momento que tienes delante está hablándote, no tiene que ser con palabras. Con el trozo de papel en el suelo, con una persona que necesita ayuda, con lo que sea que surja, tu respuesta se volverá evidente. La verdad más profunda es que ni siquiera importa lo que hagas. Lo que importa es desde dónde actúas. Lo que importa es tu motivación. Si tu propósito es soltar y estar al servicio del momento que tienes delante, eres una persona digna de gran respeto. ¿Te gustaría conocer a alguien cuyo propósito en la vida fuera, en primer lugar, liberarse de sus bloqueos personales y, a continuación, hacer todo lo posible para estar al servicio de aquello que la vida le trae? No podría hacer el mal porque su motivación es honesta. Si el propósito en sí es puro e impersonal, al final, irradiará luz.

Asegúrate de la pureza de tu motivación y no mires atrás. Si alguien critica tus acciones, discúlpate y suelta. Adopta siempre una disposición de aprender. Si actúas desde el lugar más elevado posible, no hay culpa ni vergüenza. Los frutos de haber actuado lo mejor posible son algo muy sagrado. Si algo terrible surge de haber actuado lo mejor posible, responsabilízate de ello. Es tuyo. Deja que te enseñe. Deja que te haga mejor persona para poder hacerlo mejor la siguiente vez. Por favor, no te sientas mal por ello. No juzgues nada. Solo cuando no lo haces lo mejor posible —alterándote y dejándote arrastrar por ese estado— es cuando desarrollas karma y las cosas se vuelven realmente complicadas.

Practica el acto de soltar y con el tiempo te encontrarás instalado en el asiento de la conciencia sin ser perturbado por nada que estés experimentando. Siempre habrá una hermosa energía que te nutra y te eleve. En ese momento, ya no harán falta las técnicas ni las enseñanzas. Todo sucederá de forma natural a partir de entonces. Intuitivamente, te das cuenta de que este hermoso flujo de energía debe proceder de alguna parte. Yogananda escribió en *Whispers from Eternity* (*Susurros de la eternidad*) (1949, 156): «Oh, ¿qué ha sido de mí? ¡Éxtasis tras éxtasis! Experimento una infinidad de embriagueces divinas indescriptibles e inagotables que vienen a mí de forma incesante». ¿De dónde proviene esta energía? La sientes como un flujo, igual que si hubiera corrientes de agua que fluyen hacia arriba internamente. Esto no se trata de un concepto teórico, es algo real. Se produce una experiencia constante de la shakti o el espíritu fluyendo en sentido ascendente en tu interior. Esto tiene que venir de alguna parte. Tiene que tener un origen. Ahora estás listo para la siguiente etapa de tu viaje de retorno a casa: empiezas a buscar la fuente.

Muy pronto te darás cuenta de que la mente no puede ayudarte en este viaje. Cualquier enfoque en los pensamientos te aleja de Ti Mismo y disminuye el flujo de energía. Este viaje no es de carácter analítico o filosófico. Solo una cosa puede buscar la fuente del flujo de energía: aquello que lo está experimentando, tu conciencia. Para buscar el origen de un manantial, nadas hacia él. Sientes la corriente y te sumerges en ella. Lo mismo ocurre cuando se busca la fuente del flujo de la shakti. Tu conciencia siente el flujo y se funde en él. Esto se convierte en toda tu práctica espiritual. En esto consiste la rendición verdadera.

Hasta ahora has practicado la rendición mediante el acto de soltar tu yo inferior. Ahora que has aprendido a sentir ese flujo de energía superior en tu interior, te rindes a él. Hasta que no se produce esta entrega final, todavía hay una experiencia sujeto-objeto: la conciencia (sujeto) está experimentando el flujo de la shakti (objeto). Si quieres conocer de verdad ese flujo, debes sumergirte en él, hacerte uno con él.

Para favorecer la tarea de ser uno con el flujo energético, debes abandonar la sensación de separación. No basta con experimentar la energía, debes sumirte en ella. Cuando lo hagas, el flujo te atraerá hacia sí. Ahí es donde se dirigieron los grandes maestros. En sánscrito, la palabra yoga significa «unión». Meher Baba dijo que cuando accedió por primera vez al estado de iluminación más elevado, fue como si una gota de agua cayera en el océano. Si buscas esa gota, no podrás encontrarla: se ha fusionado con el océano. Cristo dijo: «Yo y mi Padre somos uno» (Juan 10:30). Son las mismas enseñanzas. Cuando ya no estableces una separación entre tu sentido del yo y este flujo de energía, empieza a cautivarte y te vuelves uno con él. Yogananda lo llamó un río de alegría que fluye en tu interior. Tu tarea consiste en encontrarlo, ir allí, entrar y sumergirte en él. Estamos explorando el estado más elevado y todo el mundo tiene acceso a él.

Recuerda que hemos llegado hasta aquí después de haber soltado los bloqueos que impiden este flujo. Los estados superiores son totalmente naturales, pero no deberías perseguirlos. No te bloquees para luego tratar de experimentar cómo es no estar bloqueado. Desbloquéate y experimentarás meditaciones más profundas de forma completamente natural. Adoptarás una actitud de ecuanimidad viendo la televisión y accederás a estados que no podrías alcanzar ni después de estar meditando durante varias horas. Te convertirás en un ser de shakti, y ella te conducirá al éxtasis una y otra vez.

No hay nada más hermoso que el flujo de la shakti. Resulta tan satisfactorio que no la bloquearás nunca más. Si te ocurre algo y sientes el impulso de defenderte, no lo hagas. Primero suelta la parte de ti que quiere cerrarse, y luego lidia con lo que esté sucediendo en el exterior. Emplea todos los medios de los que dispones para soltar aquello que se interpone entre tú y el estado de realización divina.

Comienza con objetivos sencillos a lo largo del día y luego avanza hasta dejar atrás el pasado. Esa es la manera perfecta de comenzar una transformación significativa. Una vez que aprendas a desprenderte de las perturbaciones generadas por ti mismo, inevitablemente sucederá algo de mayor trascendencia. Debido al trabajo que has realizado sobre ti mismo, el acto de soltar te resultará totalmente natural en las situaciones que supongan un desafío importante. No esperes a que ocurra algo terrible en tu vida para preguntarte qué hacer de forma diferente. Tienes que llevar a cabo el trabajo de liberarte en tu vida diaria. Entonces serás capaz de manejar cualquier cosa que la vida te traiga.

Como casi todo en la vida, alcanzar estos estados espirituales más profundos lleva su tiempo. Pero si haces el trabajo interior, la energía empezará a fluir. Una vez que las compuertas se abran en tu interior, contarás con toda la ayuda necesaria para el ascenso. No caminas solo: todos aquellos que transitaron esta senda antes que tú te están elevando. Eso sí: sigue soltando. Pase lo que pase, sigue soltando. Estos estados no van a llegar todos a la vez para quedarse de forma permanente. Te llegarán ráfagas de vez en cuando debido a alguna apertura. No pasa nada si te cierras de nuevo; no te preocupes. Significa que todavía tienes trabajo por hacer. Sé diligente, pero dale tiempo a este proceso. Al final, el flujo ascendente nunca te abandonará. Te convertirás en un conocedor de tu alma, un conocedor del espíritu. Cuando puedas relajarte y sumergirte en los estados más profundos, finalmente despertarás a la plena autorrealización. Eso es la verdadera iluminación. La iluminación no es una experiencia espiritual, sino un estado espiritual permanente.

Por muy profundo que hayas llegado, por favor no digas que estás iluminado. Reservemos este término para los grandes maestros. Simplemente siente contento. No construyas un ego espiritual. La espiritualidad no consiste en colgar una tablilla que diga: «Soy una persona espiritual». También has de dejar eso de lado. Se trata de desprenderse de uno mismo por completo de forma permanente. Si nunca dejas de hacerlo, la energía se apoderará de ti. Donde solías ver tu yo personal expresándose, ahora no verás nada más que el flujo de la shakti. Ríndete a ese flujo. Entrégale tu vida. Fúndete con él y te conducirá el resto del camino. Esa es la entrega final.

Ha sido un gran honor compartir estas enseñanzas contigo. Por favor, no dejes que este sea un libro más que lees sin que se opere un cambio en tu forma de vida habitual. Lleva a cabo este trabajo. Tu tarea no consiste en renunciar a la vida, sino en experimentar verdaderamente la vida en su nivel más profundo. Si te desprendes de ti mismo a diario, en cualquier circunstancia, encontrarás aquello que es más grande que tú mismo. Así es como funciona: donde tú no estás, está Dios. Donde Dios está, tú no estás.

¿Entiendes ahora por qué Cristo dijo que el Reino está dentro de ti?

Es la esencia misma de tu ser. Las alturas a las que puedes llegar son insondables, y eres perfectamente capaz de llevar a cabo este trabajo. Tus estados internos seguirán elevándose más y más a medida que sigas soltando. El hecho de que estés interesado en estas enseñanzas significa que ya has cambiado el mundo. Tú, que has emprendido la tarea de liberarte, has de ser respetado profundamente.

Con gran amor y respeto,
Michael A. Singer

Agradecimientos

L A VIDA ES UNA GRAN MAESTRA. Si te mantienes abierto, cada situación puede enseñarte algo sobre ti mismo y sobre el momento que se despliega ante ti. No puedo dejar de agradecer lo mucho que me ha enseñado este flujo de la vida, que también me ha impulsado a escribir *Vivir en libertad*. Igualmente me siento agradecido a todos los sabios que me han precedido en este camino y me han guiado en mi exploración interior.

Deseo reconocer con profunda humildad y agradecimiento el enorme trabajo que ha realizado en este libro mi amiga y directora de producto, Karen Entner. Su servicio incansable y desinteresado ha dotado a esta obra de un sentido de compromiso y perfección que rara vez se encuentra en este mundo.

También me gustaría aprovechar esta oportunidad para agradecer a mis editores, New Harbinger Publications y Sounds True, su sincera tarea en la elaboración de *Vivir en libertad*. Han colaborado de un modo perfecto para convertir sus grandes talentos en una sola fuerza que ha hecho posible el desarrollo, la comercialización y la distribución de esta obra tan especial.

También deseo dar las gracias a los primeros lectores de esta obra, especialmente a James O'Dea, Bob Merrill y Stephanie Davis, por sus sugerencias detalladas durante la redacción de estas páginas.

Por último, me gustaría agradecerte a ti, el lector, tu interés por profundizar en tu relación contigo mismo y con el mundo que te rodea. Tu disposición a replantearte lo que de verdad sucede fuera, en el mundo externo, así como en tu interior, tiene el poder de cambiar el mundo.

Acerca del autor

MICHAEL A. SINGER es autor del *bestseller* número uno del *New York Times, La liberación del alma*[1], así como del también superventas del mismo periódico, *El experimento rendición*[2], ambos publicados en todo el mundo. En 1971 tuvo un profundo despertar interno, mientras preparaba su doctorado en economía, y se aisló del mundo para dedicarse al yoga y la meditación. En 1975, fundó el Templo del Universo, un centro de yoga y meditación donde se reúnen personas de todas las religiones y credos para experimentar la paz interior. Además de sus casi cinco décadas de enseñanza espiritual, Singer ha realizado importantes contribuciones en los ámbitos empresarial, educativo, sanitario y de protección medioambiental.

---

[1] Singer, Michael A., *La liberación del alma*. Móstoles: Gaia, 2014. [*N. de la T.*]
[2] Singer, Michael A., *El experimento rendición*. Móstoles: Gaia, 2016. [*N. de la T.*]

Del mismo autor

LA LIBERACIÓN DEL ALMA

El viaje más allá de ti

MICHAEL A. SINGER

Best seller del New York Times que destila la esencia de las grandes tradiciones espirituales; una inspiradora meditación sobre las ataduras de la condición humana y sobre cómo desprendernos de los bloqueos que nos aprisionan.

LA PRÁCTICA DE LA LIBERACIÓN DEL ALMA

Diario y guía de ejercicios

MICHAEL A. SINGER

En este bello diario encontrarás ejercicios y pasajes originales de *La liberación del alma* que te animarán a aplicar las enseñanzas de Michael A. Singer a tus circunstancias personales y a convertir su sabiduría en parte de tu vida cotidiana. A lo largo de estas páginas descubrirás prácticas que te ayudarán a distanciarte del ruido de la mente, a acceder a la conciencia profunda que es tu verdadera esencia y a trabajar con las emociones negativas que limitan tu potencial.